乒乓球运动基础教程

主　　编　王　艳　佘竞妍

参编人员　（按姓氏笔画排序）

冯一笛　朱　玲　李荣芝　完　好　张　琴

陆云飞　周海宁　郑超颖　柳瑞芝　顾　楠

黄文文　曹梓威

编写顾问　施之皓

同济大学出版社·上海

内 容 简 介

作为中国体育运动传统优势项目，乒乓球运动经历了艰难的成长过程，到今天取得的辉煌成就，离不开一代代乒乓人的努力与奋斗。本教材结合不同历史发展阶段乒乓球文化的阶段性特征，介绍了乒乓球运动的历史文化和发展趋势，乒乓球运动的器材与规则发展概况以及乒乓球运动的基本理论，技战术打法，双打和体能训练等，旨在教授乒乓球基础技术的同时，激发学生学习和继承乒乓球传统文化，弘扬中华民族体育精神的积极性和创造性。

本书既可作为体育院校和普通高等院校乒乓球专项教学通用教材，也可供乒乓球运动爱好者参考使用。

图书在版编目(CIP)数据

乒乓球运动基础教程 / 王艳，佘竞妍主编. -- 上海：同济大学出版社，2022.7

ISBN 978-7-5765-0264-0

Ⅰ. ①乒… Ⅱ. ①王… ②佘… Ⅲ. ①乒乓球运动—教材 Ⅳ. ①G846

中国版本图书馆 CIP 数据核字(2022)第 105538 号

乒乓球运动基础教程

王　艳　佘竞妍　**主编**

责任编辑 杨　艳　　**助理编辑** 白　雲　　**责任校对** 徐春莲　　**封面设计** 陈益平

出版发行 同济大学出版社　　www.tongjipress.com.cn

（地址：上海市四平路 1239 号　邮编：200092　电话：021-65985622）

经　销 全国各地新华书店

制　作 南京月叶图文制作有限公司

印　刷 上海市崇明县裕安印刷厂

开　本 787 mm×1092 mm　1/16

印　张 11.5

字　数 287 000

版　次 2022 年 7 月第 1 版

印　次 2022 年 7 月第 1 次印刷

书　号 ISBN 978-7-5765-0264-0

定　价 38.00 元

序

上海体育学院中国乒乓球学院团队完成的《乒乓球运动基础教程》(以下简称“本教材”)是近年来一项重要的教学实践成果。本教材具有体系新颖,视角独到,兼顾科学性与前瞻性、专业性与通用性的特点。

在结构与体系方面,与国内同类教材相比,本教材更好地吸收了国内传统教材体系的优点,它以乒乓球项目特点为起点,系统介绍了乒乓球在世界和中国的发展概况,兼顾乒乓球器材、竞赛规则与基本理论,突出了乒乓球技战术的教与学。教材主线清晰、重点突出、结构合理、体系完整,便于读者掌握与理解。

在内容的编排上,本教材也做了积极的创新。在介绍乒乓球运动发展概况时,力争体现乒乓球项目的发展现状与未来趋势,并大量增加应用性教学内容,如技术方面,不仅详细介绍了乒乓球技术的特点与作用、动作要领等,还增加了练习步骤、易犯错误与纠正方法等,很好地将理论与实践融合在一起,使教材具有广泛的实用性,便于读者在使用本教材时根据需要灵活掌握、有所侧重。

本教材也非常注重教辅资源的开发,构建了较为完善的在线教学资源库。通过可开放的课程学习网,可以为使用本教材的读者提供教学视频案例、课件、作业等教学资源,丰富了读者课外学习的内容。

本教材在体系设计和内容编排上进行了积极创新,增加了应用性和前沿性教学内容。其内容既注重学科的内在逻辑,又涉及乒乓球教学实务操作,充分体现了乒乓球教学微观化和市场化的趋势。

综上,本教材具有实用性、创新性,值得在高校中借鉴与推广。

中国乒乓球学院　院　长

2021 年 10 月 4 日

前 言

《乒乓球运动基础教程》是为体育院校和普通高等院校乒乓球专项课程提供的通用教材。各院校在乒乓球教学过程中，可根据课程的实际授课时数选用。

本教材共分十一章：第一章至第四章介绍乒乓球运动的历史文化、乒乓球运动的发展趋势、乒乓球器材与竞赛规则发展概况，以及乒乓球服装等；第五章至第九章介绍乒乓球基本理论、技术、战术、双打、体能训练等；第十章介绍乒乓球准备活动与整理活动，并配有图片和文字说明；第十一章介绍乒乓球竞赛规则以及乒乓球裁判员临场操作规程等，并配有图片和文字说明。

本教材结合具体历史发展阶段乒乓球文化的突出表现和阶段性特征，着重介绍了中国乒乓球运动的成长过程及其辉煌成就，重温了乒乓球器材与竞赛规则的历史发展进程，使学生能够体会乒乓球运动规则不断改革的创举，激发学生学习和继承乒乓球传统文化、弘扬中华民族体育精神。乒乓球类型打法一直提倡百花齐放，虽然现今以横拍打法为主体，但也要突出中国特色的直拍先进打法，因此，本教材详细地阐述了这一系列的技术内容，在原有技术的基础上，增加新的横拍类技术和直拍横打类技术内容，从而更好地体现现代乒乓球技术的发展。

在“乒乓球战术”章节，摒弃了老一代教材中的战术分类，如搓攻战术、对攻战术、拉攻战术等，这种分类方法割裂了乒乓球的战术体系，忽略了乒乓球运动中的互相制约因素，没有联系前后作用。本章节明确了乒乓球战术的定义；根据乒乓球诊断分析方法以及实践经验，建立了完整的乒乓球战术体系；在战术体系中分层次讨论，阐述了乒乓球战术组成的环节。

在“乒乓球双打”章节中，对双打的概念与配对进行了详细介绍，并有所更新。

在“乒乓球体能训练”章节中，对体能训练的方法与手段进行了系统介绍，阐述了体能训练对乒乓球运动的重要意义。

在“乒乓球竞赛规则与组织”章节中，针对体育院校和普通高等院校培养学生成为“一专多能”的复合型人才的教学目标，在乒乓球规则、规程、竞赛方法、乒乓球竞赛裁判术语和手势等方面进行了较为全面的说明。

本教材由中国乒乓球学院组织编写。在编写过程中，参考了《现代乒乓球运动教程——基本理论与技战术》《中国体育教练员岗位培训教材》《乒乓球——体育院校通用教材》《乒乓球教学与训练》《乒乓球竞赛规则(2016 年)》等相关教材。在此,我们向上述教材的编撰者表示诚挚的谢意。

由于水平和时间所限,本教材内容难免有不妥之处,欢迎广大读者批评指正。

中国乒乓球学院《乒乓球运动基础教程》教材小组
2021 年 10 月

目 录

第一章 世界乒乓球运动发展概况

本章提要

乒乓球运动具有球小、速度快、变化多等特点，从其一出现便有着多种多样的起源学说，其中流传最广的是“网球起源说”。乒乓球运动无论是作为游戏方式还是作为竞技体育项目，均有着广泛的群众基础。竞技体育的乒乓球运动经历了五个发展阶段，才最终成为现如今充满魅力的项目。

学习目标

1. 掌握乒乓球运动的特点。
2. 了解乒乓球运动的各种起源学说。
3. 了解乒乓球运动五大发展阶段的主要特征及标志性事件。

第一节 乒乓球运动的特点

乒乓球(table tennis)是在球台中间隔放一个球网，由两名或两对选手手握球拍、轮流击球的一项球类运动。乒乓球运动以特定的乒乓器材(乒乓球、乒乓球拍、乒乓球台)为竞技工具，在特定条件(规则、设备、场地等)限制下开展。如今，乒乓球已经发展成为集技能、体能、智能为一体的技巧型运动项目，其中以单兵作战为主。

乒乓球运动的特点是球小、速度快、变化多、趣味性较强，器材设备简单，不受年龄、性别和身体条件的限制，具有广泛的适应性和较高锻炼价值，比较容易开展和普及。经常参加乒乓球运动可以开发灵敏性和协调性，提高四肢的活动能力和动作速度，改善心血管系统的机能，促进新陈代谢，增强体质，并能培养人的勇敢顽强、机智果断等品质。可以说，乒乓球运动是一项适宜终身锻炼的体育项目。

第二节　乒乓球运动的起源

在世界体育运动史上，乒乓球运动可以算是一项较为年轻的运动。它发轫于19世纪末的西方体育文化。进入中国后，从20世纪初少人问津的舶来品，发展到如今举世瞩目的中国"国球"，并成为中国文化的一个符号，已经走过了百年的发展历程。

关于乒乓球运动的来源，一直流传着多个版本。

一、"羽毛球起源说"

这一说法认为乒乓球起源于古老的羽毛球游戏。国际乒乓球联合会（简称"国际乒联"）博物馆保存的资料显示，最初的羽毛球游戏是在中间无网的场地用拍子随意相互击打一种异状物体到对方区域的无目的行为，而这酷似乒乓球游戏。

二、"网球起源说"

乒乓球游戏的进化与古老的游戏"室内网球"（Jeu de Paume），即后来真正意义上的网球紧密相关。最初是使用手掌心来击打球，然后用皮革或者布包裹手掌来进行击打，之后使用长而坚硬的实木棒击球。到16世纪，才开始使用紧绷的弦做成的球拍，从而导致了乒乓球运动的产生。

三、其他起源说

匈牙利乒乓球运动员凯伦在《乒乓球的历史》一书中提到，两千多年前在日本宫廷曾流行的一种带羽毛的毡子游戏，被认为是乒乓球运动的起源。也有人说乒乓球运动最先流行于英国及德国宫廷，据说英王爱德华七世曾以乒乓球器材赠予德皇，之后由宫廷流传到欧洲民间，成为欧洲一种家庭游戏。而苏联的伊万诺夫在其所著的《乒乓球教练法》中提到，19世纪初期，莫斯科和彼得堡（圣彼得堡的别称）一些知识分子中间曾流行一种叫作飞球的运动，是乒乓球运动的前身。据史料记载，我国在清初已有台球游戏流传于民间，深受人们喜爱。在四川、云南交界山区的苗族人，就把这种台球游戏作为农闲和饭后的消遣。他们用晒干的梧桐树或柑树的果子当球，用带长柄的木板当拍，用门板当球台，两边对打，称之为"臭柑子"游戏。另据记载，清末珠江流域曾盛行类似的游戏，不过不用干果当球，而是用猪尿泡吹气做成小球，比干果弹性要大，或在桌上、或在地上、或在空中对打，可谓乒乓球运动的前身。还有人认为，乒乓球源于南美洲印第安人之中流行的一种被称为"马卡瓦"的橡胶球，后由哥伦布或其他探险者带回欧洲而逐渐传开。

总之，关于乒乓球的具体起源，众说纷纭，莫衷一是，有时甚至大相径庭，而各版本的真实性也无从考证。有可能不同的国家和地区在不同的历史时期，都曾有类似乒乓球运动的游戏流行，但很难确定地说乒乓球运动一定发轫于史上的某一种游戏。从现有的历史资料记载来看，古老的网球相比于羽毛球来讲历史更为悠久，一千多年前就已经产生。国际乒联博物馆保存的1576年出版于比利时北部安特卫普港的一本极为珍贵的木刻书(采用欧洲接骨木雕刻而成)中打网球的活动场景图，非常直观清晰地明示了古代网球游戏所用的器材与场地，网球有可能是乒乓球运动的“鼻祖”。

第三节　乒乓球游戏的发展

最初的乒乓球游戏没有统一的规则，甚至连名称也相当混乱。1900—1904年，乒乓球游戏经历过简化和大力开发；1905—1910年，乒乓球游戏在中欧流行传播开来，在此之前，改良版已经传入日本，后来又传播到中国和韩国。之后，当乒乓球在欧洲失宠一段时间后，又在英格兰和威尔士获得复兴。随着乒乓球游戏的扩散，大量与其竞赛相关的社会活动及文艺现象出现。可以说，早期的乒乓球运动已经初具文化形态。1926年国际乒联成立，标准化的规则随之制定。在随后的六十多年里，乒乓球已发展成为全球主要的运动之一，全世界有三千多万名职业乒乓球运动员，还有难以计数的乒乓球业余爱好者。相较于早期，现代乒乓球运动具有严明的组织和完善的规则，竞赛活动在全世界广泛开展，并产生了广泛的影响。乒乓球运动从最初的“杂耍”发展到完善的乒乓球文化体系，经历了一个较为漫长的过程。

一、从玩耍到游戏

最初的乒乓球游戏产生于一种毫无意识的玩耍活动，类似于“桌上网球”。这种玩耍活动产生后，英国的新闻界颇感兴趣，把它誉为时髦的运动，大加渲染并做了充分的报道，在社会上引起极大轰动，从而使乒乓球游戏盛极一时。很快，英国的一些大学生，开始用室内餐桌做球台，采用比草地网球小的橡皮实心球裹上丝织物代替软木塞，将羊皮纸贴在窄长的拍柄上，用椭圆形空心球拍的两面击球。此种亦被称为“小网球”的游戏，不但能娱乐自我，还能锻炼身心，在贵族中很快流行开来。

这一时期，乒乓球运动尚处于萌芽阶段，人们使用的乒乓球实际上还不能称作“球”——有的是软木塞，有的是晒干的果子。后来才出现了用布覆盖表面做成的布球，有深缝制、双缝制等形式；还有表面网络状的、用软木或纸壳做成的球，充满质感。当时，由于“球”的原因，如橡胶球弹性太大、软木塞做“球”弹性太小等，这种游戏没有获得广泛成功，直到1900年左右赛璐珞球的出现，才使这种游戏获得复兴。1900年，英格兰的詹姆斯・吉博去美国旅行，带回了一种称作“赛璐珞”的易燃可塑物质，以赛璐珞为原料制作的球体轻而富有弹性，当时便产生了用这种球来替代软木球和橡胶球的想法。随着球的变化，球拍相应改为木拍，而用木拍击打赛璐珞球时，发出“乒”的声音；当球落在桌上时，又发出“乓”的声音，模仿其声，故称之为“乒乓球”。

二、由游戏到竞技

随着乒乓球游戏的流行，乒乓球迅速从宫廷贵族普及到普罗大众。由于乒乓球游戏简单易行、趣味无穷，能使参与者轻松、愉快，越来越受到大众的喜爱。人们通过乒乓球游戏，在与对手斗智斗勇的过程中培养了自信、自尊。由于乒乓球游戏的活动方式具有较大的变通性，人们开始对游戏的结果有所追求，对器材的要求也逐渐提高，于是出现了各种不同形式和材质的器材，尤以乒乓球拍居多。

早在19世纪80年代末，美国和英国的生产商便开始生产球拍。最初的球拍大多是木制的。1880—1900年间，最初是使用长柄的球拍，经常被称为“banjo”，长度为48厘米，随后，出现了短柄的球拍。之后，由不同种类的木头制成的木制球拍开始流行。1902年引进的软木拍，因其适合防守，尤其是旋转球所带来的能量变化，直到1950年仍然被坚持使用。

对乒乓球运动来说，每一种新的技术问世以后，运动员都需要经过一段时间的认识、了解和适应的过程。最初的乒乓球技术很长一段时间都受制于器材而停滞不前。

传说有颗粒的橡胶拍始于一名叫库特的乒乓球爱好者，他在药店买药时，发现出纳台前有一块粒状凸点胶皮垫，是为了防止硬币在柜台上滑落滚动而特制的。这位善于联想勇于创新的库特先生，买下了这块胶皮垫并自己动手粘成了世界上第一块胶皮拍，以代替当时流行的软木拍。第二天，他用令人惊异的新球拍从容不迫地战胜了所有对手，取得了单打冠军。此后，胶皮球拍便逐渐得到推广，为许多运动员所使用。由于胶皮拍使击球的弹性、摩擦力增强，乒乓球进入了旋转的世界，削球打法也由此产生。欧洲运动员创造的削球打法成为了当时乒乓球运动发展的重要技术创新。从削球运动员所取得的成绩来看，这个阶段成为削球打法的主导时期。这一时期除了削球技术比较完善外，技术类型打法的竞技优势，也得到了器材的有力支持。

对游戏结果的重视促成了标准的产生，于是人们不再随意进行比赛，这项运动的变通性得到规范。一项运动从玩耍到游戏过程，最为关键的部分就是“简单的裁判规则和裁判方法”的产生。只有当规则得到一定程度的遵从，游戏才能发挥出最大的效果和作用，从而保证游戏成员在一个相对平等公正的基础上，利用各种机会和条件获得胜利。虽然初期的乒乓球游戏规则非常简单，仅有寥寥几条，但也保证了比赛有据可依，对比赛结果影响甚大。

1901年，两个对立的组织在英格兰建立，它们分别是“乒乓总会”和“乒乓球协会”。1901—1903年，乒乓球比赛非常多，伦敦的各个协会和各地区之间，都经常举行赛事。在1902年举行了一场非正式的乒乓球锦标赛。最初的游戏几乎没有统一的规则，名称也相当混乱。随着比赛的增多和交流圈的扩大，统一规则的呼声越来越高。乒乓球比赛期间，包括《泰晤士报》《时代周刊》《每日镜报》等诸多英国报刊在内的新闻媒体都会做跟踪报道。1926年，英国伦敦举行了第一届世界乒乓球锦标赛（简称“世乒赛”）。

三、乒乓球运动的正式化、规范化

20世纪20年代以前，乒乓球只是一项球类游戏。随着时间的推移，参与人数增多，竞争愈发激烈，技术日臻完美，战术日趋复杂，规则也日益严密，对组织的诉求越来越高。1926年12月6—11日，来自印度、瑞士、奥地利、捷克、威尔士、斯洛伐克、匈牙利、英格兰、丹麦和德国的运动员参加了第一届世界乒乓球锦标赛，地点在英国伦敦的弗灵顿街麦摩澳大厅。由于女子运动员参赛人数较少(总共只有十六名女子运动员参赛)，原定的女子团体和女子双打取消，只设了5个项目的比赛，分别是男女混双、男子团体、女子单打、男子单打、男子双打。第一届世乒赛结束后的第二天，即1926年12月12日，国际乒联成立，自此之后开始每年举行乒乓球邀请赛。

1926年国际乒联成立后，乒乓球运动初步形成了稳定的技术流派。在1926年之前，乒乓球技术只有推挡，游戏者站在球台的两端，把球推来挡去，基本上没有什么技术可言。国际乒联成立后，削球技术出炉。削球技术流派主要的代表国家是匈牙利，在二十多年的时间内一直主导着乒乓球的技术文化，直到20世纪50年代初海绵胶皮出现，才改变了这一格局。

随着乒乓球规则的完善，乒乓球赛事也逐渐走向规范化。一切赛事不论是在赛前还是赛后，都有一个统一的规则，包括乒乓球的比赛规则、国际竞赛规则、乒乓球竞赛规程以及对乒乓球项目器材的规格要求。正是国际乒联的出现，使乒乓球竞赛规则得到严格具体的细化，使乒乓球赛事能在一个充分有约束的环境下公平地进行，也使观众能更好地享受乒乓球运动的“盛宴”。

第四节 乒乓球运动的发展阶段

作为一项现代体育运动，乒乓球的世界比赛历史比足球世界杯或排球世界杯还要“古老”得多。到目前为止，除了第二次世界大战期间中断七年(1940—1946年)之外，世乒赛已经在欧洲、亚洲和非洲举办了五十五届。1938年世乒赛在英国的温布利结束后，欧洲陷入了第二次世界大战的阴云。1939年原本安排在欧洲进行的世乒赛紧急转移到埃及首都开罗举行，这也是到目前为止非洲举办的唯一一次世乒赛。为了躲避战火，匈牙利和捷克的世界高手们开始出逃国外。从1940年开始，世乒赛停赛长达七年时间。从1957年起，世乒赛改为每两年举行一次。从2003年第四十七届世乒赛开始，国际乒联决定把单项赛和团体赛分开进行，逢单年举行5项单项赛，双年举行男、女团体赛。

世界乒乓球运动的发展，主要分为五个阶段：第一阶段(1926—1951年)：欧洲乒乓球运动的鼎盛时期；第二阶段(1952—1959年)：日本震动世界乒坛；第三阶段(1959—1969年)：中国崛起；第四阶段(1971—1994年)：中国领先，欧洲复兴；第五阶段(1995年至今)：

中国“一枝独秀”。

一、第一阶段(1926—1951 年)：欧洲乒乓球运动的鼎盛时期

美欧在乒乓球运动发展的前期几乎垄断了国际乒乓球竞技赛场。这一阶段，欧洲队占绝对优势，直到日本队的出现，才打破了这种非平衡发展。从 1926 年第一届世乒赛到 1951 年第十八届世乒赛，除第十三届在埃及举行外，其余都在欧洲举行，欧洲获得了 117 个冠军中的 109 个。匈牙利的维克多·巴纳拿到了 5 次世界冠军、22 块世乒赛金牌。

这一时期的前段，以稳削为主的打法占主导地位，当时网高、台窄、球软，有利于削球。削球技术主要的特点：一是制造下旋的能力比较强；二是技术的稳定性比较高。削球打法的代表国家是匈牙利。欧洲选手的打法以削为主，追求稳健。削球手之间的较量就看谁更有耐性，双方对搓，很难得分，曾有一分球打了 2 小时 15 分钟的记录。第十一届世乒赛后，加宽了台面，降低了网高，限制了比赛时间，规定了轮换发球法，为攻球创造了一些有利条件，削攻结合的打法逐渐发展起来，还出现了以攻为主的打法，但攻球技术尚未成熟，还不能突破削球的坚固防线。在这二十多年的时间里，横拍削球和削攻结合的打法是乒乓球运动的主流打法，可谓“控球时代”。

二、第二阶段(1952—1959 年)：日本震动世界乒坛

此阶段是中远台单面长抽技术及其打法占主导的时期。这一技术的主要特点：一是进攻力量比较大；二是技术的主动性比较强。

中远台单面长抽打法的代表国家是日本。这一技术及其打法是日本人在乒乓球技术发展史上的重要贡献。中远台单面长抽技术及其打发主导时期的形成，除了日本运动员的勤奋努力外，其竞技优势也获得了来自器材变革方面的有力支持，而 1937 年竞赛规则关于加宽球台、降低网高和采用硬球的规定，对中远台单面进攻打法战胜削球打法产生了积极的影响。

从 1952 年的第十九届世乒赛到 1959 年的第二十五届世乒赛，是日本称雄时期。奥地利运动员在第十八届世乒赛上使用了海绵拍，却无惊人成就，但海绵拍却在日本选手的手中大放异彩。他们采用远台长抽的进攻打法，一进入世乒赛就向欧洲的削球发起猛烈冲击，一举获得了男子单打和双打、女子团体和双打 4 项冠军。日本的直拍长抽攻击型打法，改变了世界乒坛以削球为主的传统，而且迅速占据了主导地位。

这一阶段，运动员的对攻、反应和移动速度均极快，可谓“速度时代”。

三、第三阶段(1959—1969 年)：中国崛起

此阶段是近台快攻技术及其打法占主导的时期。这一技术的主要特点：一是速度比较快；二是技术的主动性比较高。近台快攻技术及其打法的代表国家是中国。这一技术及其

打法，是中国人在乒乓球运动发展史上一项重要的技术创新。近台快攻技术及其打法对于速度的认识，一直影响着乒乓球技术发展的方向。中国乒乓球在总结战胜日本单面长抽技术及其打法和欧洲削球技术及其打法的经验基础上，形成了站位近台，以左推右攻和两面进攻的技术及其打法。近台快攻，即在球的上升期或当球弹到最高点时击球。这种打法充分发挥了正胶海绵拍快速的特点。

凭借近台快攻，中国的男团和男单均获“三连冠”，取代日本称雄于世界。因此，20 世纪 60 年代可称“球点时代”。

这一时期的中国还培养了新型的削球手，有的使用对付弧圈球的长胶粒胶皮，有的用两面不同性能的胶皮，如男选手张燮林和女选手林慧卿。

中国从 1953 年参加世乒赛起，名次扶摇直上。第二十五届世乒赛，荣国团虽夺得男子单打冠军，但代表世界最高水平的男子团体冠军还未归中国所有。从第二十六届起，中国开始在世界乒坛占主导地位，这一届，中国夺得男子团体、男子单打和女子单打 3 项冠军。1961—1965 年，中国 3 次参加世乒赛，共夺得 21 个冠军中的 11 个，其中男子项目的 9 个冠军中国夺得 8 个，女子也获得过团体冠军和单打、双打冠军，这标志着中国选手已走在世界前列。中国选手创造了直拍近台快攻打法，形成了“快、准、狠、变”的独特风格，还发展了以“稳、低、转、攻”为特色的直拍削球打法，并且学习国外的一些打法，使中国乒坛呈现“百花齐放”的局面，为世界乒乓球技术宝库增添了新的内容。

四、第四阶段(1971—1994 年)：中国领先，欧洲复兴

这一阶段是弧圈球技术及其打法兴起和近台快攻技术打法继续保持优势的时期。弧圈球技术及其打法初期的主要特点：一是旋转比较强；二是技术的主动性和稳定性比较高。这个时期，欧洲运动员开始把弧圈球技术和近台快攻进行结合，显示出了技术和打法上的优势。而中国近台快攻技术及其打法在保持原有的技术特点的同时，开始积极地学习弧圈球进攻技术，而且近台快攻打法的内涵也发生了变化，开始形成直拍用反胶海绵拍打近台快攻的技术打法。

1971—1987 年，共举行了 10 届世乒赛，中国选手获得 70 个冠军中的 42 个，其中男、女团体冠军都是 7 次，男团“四连冠”，女团“七连冠”，毫无疑问，中国处于领先地位。中国选手发展了直拍近台快攻打法，研究出攻打弧圈球的新技术，同时学习了弧圈球，在“快、准、狠、变”的基础上又增加了一个“转”字。这一时期，欧洲选手从二十年来受中日冲击、在技术发展方向上混乱的状况中解脱出来，学习了中国的快攻和日本的弧圈球，并结合自己强劲的爆发力，创造了适合自己特点的新打法。如瑞典的本格森，19 岁时参加 1971 年第三十一届世乒赛，夺得男子单打冠军。第三十二届世乒赛，瑞典获得男子团体冠军。其他欧洲国家也涌现了一批高水平的选手，如获第三十三届世乒赛男子单打冠军的匈牙利选手约尼尔，以及克兰帕尔、舒尔贝克、斯蒂潘契奇、奥洛夫斯基、萨尔霍扬等。瑞典男队一度衰落后重新崛起，成为欧洲当之无愧的代表。瑞典和波兰等强队的崛起使世界乒坛形成亚欧对峙的

局面。

20 世纪 70 年代强力旋转登上世界乒坛，可称为乒乓球运动的“旋转时代”。欧洲选手创造出快攻结合弧圈球和弧圈球结合快攻的打法，他们重视旋转甚于速度且正反手都拉强力弧圈球。中国的郗恩庭用快攻加旋转夺得男单世界冠军，梁戈亮使用两面不同性能胶皮拍创造“变化打法”，体现了攻守全能的特点。

20 世纪 80 年代是变化和攻守“全能时代”。两面不同性能球拍的出现对大幅度前后移动的选手起到牵制作用，只用重板扣杀不能制胜，力轻的球有时也具有很大威力。同样，强烈旋转和速度极快的球也不一定具有威力，运动员们更加重视“威力的相对性”。

五、第五阶段（1995 年至今）：中国“一枝独秀”

从 20 世纪 90 年代初至今，可谓是弧圈球进攻技术及其打法占主导的时期。这一技术成熟期的主要特点：一是速度和旋转结合得比较好；二是技术的主动性和稳定性比较高。弧圈球进攻技术及其打法主导时期的标志性事件有两个：一是在 1988 年的第二十四届奥运会乒乓球比赛上，中国优秀的直拍正胶近台快攻运动员江加良和陈龙灿，在单打比赛中先后失利；瑞典选手在第四十、四十一和四十二届世乒赛中，连续获得 3 届团体冠军和第四十、四十一两届男单冠军。二是在世乒赛和奥运会的单打冠军中，87%的是弧圈球进攻打法的运动员。事实证明，弧圈球进攻打法成为这一时期的主导性的打法。这个时期世界各国的主体打法都趋于弧圈球进攻打法，同时也保留了本国原有打法的特点。

弧圈球进攻技术及其打法具体划分为：直拍弧圈球进攻技术及其打法；直拍横打弧圈球进攻技术及其打法；横拍快攻结合弧圈球技术及其打法；横拍弧圈球结合快攻技术及其打法。直拍弧圈球进攻打法、直拍横打弧圈球进攻打法的代表国家是中国；横拍近中台快攻结合弧圈球打法的代表国家是瑞典、中国和德国；横拍弧圈球结合快攻打法的代表国家是奥地利。

乒乓球运动发展到现在已达到高级阶段，单纯的攻或防，单纯的速度或旋转，任何一种单纯的打法，在比赛中已难以获胜。新的趋势要求运动员做到技术全面、特长突出、战术多样。

思考题

1. 乒乓球运动有哪些特点？

2. 阐述关于乒乓球运动的“网球起源学说”。你认为乒乓球与网球有什么异同？

3. 乒乓球器材中“球”的变化有哪些？

4. 乒乓球运动中每一次器材的变化都带来技术的革新，举例五大发展阶段中的标志性事件。

第二章　中国乒乓球运动发展概况

本章提要

如今，中国的乒乓球运动在国际上有着举足轻重的地位，但乒乓球最初由国外引入中国后的发展却并不顺利，一直处于沉寂状态。而其后的一二十年间，中国的乒乓球组织日益增多，同时关于乒乓球的各项各级赛事也不断增加，国人对乒乓球运动的热情空前高涨。中华人民共和国成立后，我国乒乓球队的技术水平有了很大提高。随着乒乓球运动的不断发展，新的技术和打法也相继出现。

学习目标

1. 了解乒乓球运动在中国的传播及发展历史。
2. 了解当代中国乒乓球队的成长过程。
3. 正确认识乒乓球的各项技术和打法。

第一节　乒乓球运动在中国的传播及发展

一、乒乓球运动传入中国

2007年国际乒联官方网站刊登了时任国际乒联乒乓球博物馆馆长洽克·霍伊先生的一篇论文：《1901年乒乓球出现在中国的证据》。洽克·霍伊是一位极为热情友好又博学多闻的专家，其文中提到了中国乒乓球起源的具体时间，最为直接的证据就是一张明信片（图2-1）。这是一位欧洲人1902年1月25日从中国的天津寄回比利时首都布鲁塞尔的明信片，自德国设立在天津的邮政机构挂号寄出，邮戳清晰可见。上面的文字用法语写成，虽然只有寥寥十几行，却描绘了乒乓球当时在天津已经十分普及的情景。译文如下：

> 1902年1月22日写于天津。
>
> 在这里每个欧洲家庭客厅里都有一种网球，玩起来十分有趣。它在一张大桌子中

间安放一个网，两只拍子用鼓皮做成，球是赛璐珞的，就像在网球场那样进行比赛。但以桌子的尺寸为限，运动者站在桌子两端。此类运动在这里极为流行。它应该会在布鲁塞尔的玩具店里有售……

图 2-1　明信片

天津位于北京的东南方向，距北京大约 120 千米，当时天津是一个非常大的商业中心，有很多西方定居者。考虑到卡片中提到的赛璐珞球是由詹姆斯·吉博于 1900 年发明的，以及乒乓球游戏起源于英国的事实，乒乓球从英国传入比利时需要一定的时间，又从比利时长途跋涉传入中国，再在天津变得“非常非常流行”也需要时间，正如几块石头和骨头的出土能够体现人类文明的世系，这张一百多年前明信片的主人大概不会料到，他这段漫不经心、潦草难辨的文字正是乒乓球史上踏破铁鞋无觅处的宝贵“文物”，是乒乓球进入中国最早的证据。在此之前，没有任何证据表明乒乓球是如何以及何时抵达中国的。

二、中国乒乓球组织的成立

乒乓球从国外引入中国后，在中国沉寂了很长的一段时间，甚至在十余年的时间里，中国人对外国人打乒乓球的热情还抱有怀疑和嘲笑的态度。起初阶段，在上海、广州、天津等沿海城市，在某些外国人控制的政治、经济、文化机构里工作的一些外国人和极少数中国人开展打乒乓球的娱乐活动，然后流行到学校里面，但也只见于少数学校，除学校外再难觅到乒乓球的踪迹。后来虽然逐步推广，进程也很慢。直到 1916 年，上海中华基督教青年会的童子部干事克拉克氏(J.C.Cleak)与国人童星门氏、赵士瀛氏三君购置多张乒乓球桌，放置于青年会童子部内，供会员们正当娱乐使用，表明了我国乒乓球比赛的开始，也是中国乒乓球组织化的发轫和开端。至 1918 年，乒乓球已推广到全国不少地方，练习乒乓球的人一天一天地多了起来，遂有夜校方面的俞斌祺先生，与青年会日校方面的唐昌民先生，及青年会的干事顾光祖先生，三人一起倡议，组织成立了上海乒乓球联合会。“1918 年前后，广州有的小学在体育教师指导下开展了乒乓球活动，香港在 1920 年有了乒乓球活动。1923 年天津基督教青年会在该会的少年游戏室设了一张乒乓球台。”①此后，乒乓球组织日益增多，人才辈出。

至 1924 年，国内的乒乓球团体组织越来越多，南洋大学乒乓队、精武队、新青社乒乓队、

① 国家体委体育文史工作委员会. 中国近代体育史[M]. 北京：北京体育学院出版社，1989.

岭南队、广东队等，都在这一年相继成立。1926—1927 年，香港各地也有乒乓球队建立联合会的举动，杭州青年会的乒乓球队、苏州东吴大学的乒乓队也应运而生，还有南京、镇江、无锡、北平、天津等地方，都发起乒乓球队，分队也实属不少。1927 年，适值第八届远东奥林匹克运动会（简称“远东运动会”），乒乓球也在会外表演，我国球队成绩斐然，轰动全国。此后，国内各机关都兴高采烈地组织乒乓球队，尤以沪地为最盛。像金叶交易所、纱布交易所、南洋兄弟烟草公司、东亚银行、通易公司、跑马总会等，大家都组织了乒乓球队，共相比赛，可以说是盛极一时了。

1927 年，日本的大阪乒乓球联合会致函中国的上海乒乓球联合会，意欲与我国商榷乒乓球规则，以作正式乒乓球比赛所需。上海乒乓球联合会考虑到以上海一隅不足以代表全国，乃登报纸，广泛听取不同意见、建议，最终采取委员制的方式组成全国乒乓球联合会。全国乒乓球联合会委员有林泽苍、胡铁吾、金季明、何逸云四人，委员长由俞斌祺担任。由于各种原因，这个全国乒乓球联合会更多的是出于对外交流的作用与意义，所以在成立后不久便名存实亡了，但它却是全国性乒乓球组织的第一次具体尝试。其实就乒乓球组织来看，需要一个不断磨炼的过程。透视精武乒乓球队组织之经过，就知道组织过程之艰辛：“本会向有乒乓队之组织。自 1928 年后，队员星散，发展维艰。虽经李君龙、标过贤等苦心擘划，然尚未有整个计划之组织。而后的卢文与车雨亭、李子祥、陈建勋诸君赞助，于是在不景气中，得一线之曙光。在征求队员之过渡时期，由得本会总干事黄君、维君予以精神物质上之攘助，队务因更臻发达，队员日渐增多。”①1935 年年初，全国乒乓球运动风起云涌，范围日渐广泛，在此背景下，应社会各界千呼万唤，“中华全国乒乓球协会”终于在上海正式成立。它的成立是我国乒乓球运动发展史上的里程碑，标志着乒乓球运动作为一项正式的体育运动项目登上中国体坛，它也成为近代中国乒乓球界正式对外联络的组织，从而也使我国乒乓球技战术在日益频繁的相互交流过程中得到了更快的发展。

三、近现代中国乒乓球赛事的开展

（一）国内赛事的开展

成立于 1918 年的上海乒乓球联合会对我国乒乓球赛事贡献良多。1919 年，上海乒乓球联合会开始组织乒乓球团体比赛。1921—1930 年间，各种乒乓球竞赛接连不断，许多比赛由乒乓球团体发起，奖品由机关或商店捐赠。尽管这些比赛大多为资本家做广告宣传，但同时也推动了乒乓球运动的开展。许多单位都组织了球队参加比赛，当时全市知名的球队有华一队、圣约翰大学队、中国台球研究会队等。此后又出现了由各单位较高水平运动员组成的混合队，如天马队、精武队、琅琊队、广东同乡会队等。1925 年后，香港也组织成立了香港乒乓联合会。“广州市的乒乓球活动，是 1918 年前后在体育教师的指导下首先在小

① 冼文灿. 精武乒乓队组织之经过[J]. 精武丛报，1933(1)：5.

学中开展的。从1926年开始，广州市有了正式的乒乓球比赛。”①1927年，戴季陶先生在广东发起运动会，把乒乓球也列入锦标比赛之中。这以后，广州、香港、澳门等地之间经常举行乒乓球比赛。这时，天津、北京都已出现一些实力较强的乒乓球队，并且两地之间经常举办友谊赛；青岛、济南等一些华北的中等城市也组织过规模较大的乒乓球比赛；国内各地，如杭州、无锡、苏州、南京、镇江等地也逐渐有了乒乓球比赛。自此，乒乓球相关比赛在社会各界获得广泛呼应，乒乓球活动逐步从学校扩展到社会各界，各行业和各、省、市地区的比赛如火如荼地开展起来，国人对乒乓球的热情达到了空前的高度。

1924年，经乒乓球界热心人士几度努力，乒乓球终于被列为“全国运动会”(简称“全运会”)的表演项目。同时，在上海、天津等地也出现了一些称为“比赛会”的组织，但参加人数不多。清末和民国时期开展乒乓球运动的四十多年间，共举办过两次全国性比赛。一次是在1935年国民党当局举行的第六届“全国运动会”上举行了第一届全国乒乓球比赛，地点设在上海四川路横滨桥中央大会堂，是由上海乒乓球联合会发起全国竞赛大会，各省市纷起响应，“因限于经费，有数处不克赴会参加”②；一次是在1948年于上海江湾体育场举办的第七届“全运会”上，参赛单位有32个省、市，陆、海、空三军等，共58个代表队，2 670人，是国民党政府在大陆组织举办的最后一场“全国运动会”。运动会上，乒乓锦标赛只设单打比赛，男子冠军由台湾代表队的王信友获得，女子冠军由香港代表队的梁玉洁获得。

(二) 国际赛事的开展

中国乒乓球队，组织几经完善，球艺大增，突飞猛进，声名远播，已达中外。1925年春，旅沪日本人桌球协会代表城户尚夫经三菱公司经理秋山同意，捐助秋山大银杯一只，作为上海中日乒乓球比赛的锦标。当时我国胡铁吾也参与了这次锦标比赛的筹备事宜，共同拟定比赛规则等。这一次秋山杯比赛的结果为我国的乒乓球队夺得锦标，这是中日乒乓球队在我国本土的第一次较量，已能看出我国乒乓球赛的出色成绩。1927年，当中日两国乒乓球专家协定了乒乓球规则以后，日本特来函，邀请我国中华队赴日进行乒乓球的比赛和交流。在赴日之前，在国内先举行个人比赛，以选拔优秀选手，结果由张永礽、林泽民、李传书、黄祥发、金季明等代表前往出征三岛，由俞斌祺领队，最终中华队取得6场4胜的好成绩，载誉而归。这一次是中国赴海外与日本乒乓球队的第一次交手，也是我国乒乓球队在海外获得优异成绩的出发点。同年8月，适为第八届远东运动会的开会地址选在我国的上海，乒乓球比赛亦于会外表演，成绩斐然，轰动全国，引起了国人注意。此后各地都相继组织乒乓球队，尤以上海最盛。1930年5月，第九届远东运动会在日本举行时，中华乒乓队本打算参加比赛，结果未能前往。后以日本桌球会名义，邀请中华队前往作为第二次比赛，旅费中日各半。出发前，由于经费所限，中华队不得已向中国内衣公司、中国乒乓球公司、上海市教育局、跑马厅、同人俱乐部、三和公司、新利洋行等倡议捐助，共得三百余元。赴日

① 崔乐泉. 中国近代体育史话[M]. 北京：中华书局，1998.
② 马治奎. 乒乓球[M]. 康健书局，1948.

后，共比赛9次，其中两次为锦标赛，我国失败，余为友谊赛。此外再与日本群山学校比赛，结果中华队全胜。自经与群山学校比赛后，回国后极力提倡女子乒乓球，以作为将来与日本女子比赛之准备，女子乒乓球也开始在各处举行比赛了。此后，国内的乒乓球界更加努力，大有再接再厉的趋势。

1937年，我国乒乓球运动员第一次同欧洲选手接触，对手是匈牙利的乒乓球选手沙巴都士和他的助手，沙巴都士在当时世界排名第四，曾获得世界单打冠军。他们于1937年到香港和上海作乒乓球的表演。我国运动员同他们进行过多场友谊比赛，但只胜两场。其中一场是香港选手潘世安战胜沙巴都士，另一场是战胜他的助手。

民国时期，中国没有参加过乒乓球的世界比赛。1936年2月，国际乒联主席蒙塔古先生曾来信邀请我国加入国际乒联，表示"积极欢迎中国加入为会员国"，但是当时我国正处于内战的阴影下，政治局势也不明朗，而1935年1月在上海刚刚成立的"中华全国乒乓球协会"又因经费窘迫，球队组织也不完善，未能办成此事。直到1949年中华人民共和国成立，中国的乒乓球运动又获得了勃勃生机。

四、近现代中国乒乓球技术与器材的演变

我国早期的乒乓球爱好者很早就认识到乒乓球技术的重要性。但整个民国时期，由于与世界乒乓球存在的差距，对乒乓球技术的研究开展较少，研究也不够深入，成果不多，只有1933年上海商务印书馆出版的《乒乓》、上海勤奋书局出版的《乒乓训练法》及上海中华乒乓球研究会出版的《乒乓世界》，除此之外难觅其他相关研究。《乒乓》是我国最早开展系统的技术研究成果，认为"若能本不慌、不忙、不骄、不慢之义，奋斗到底，锦标可望矣"①。其他早期研究散见于我国历史上第一份单项运动杂志：《乒乓世界》月刊。

1937年，国际乒联为鼓励运动员进攻，增加比赛观赏性，避免出现"蘑菇球"现象，决定对比赛器材进行修改：将球台宽度由146.4厘米增加到152.5厘米，球网高度由16.77厘米降到15.25厘米。随着规则针对性的改革，乒乓球也由软球改为硬球，打法也由防守型向进攻型转变，促进了新技术、新打法的发展。器材与技术的发展是紧密相连的，有什么样的器材，就会有相应的技术出现。我国乒乓球研究者认识到球板的优劣对技术影响极大，"我国乒乓，虽有十余年之历史，但其发达，仅有五六年。乒乓用具，需要骤增，各书局及运动器具公司，尚无完美用具之出售。所有者，仅轻薄有洞，弹力薄弱，古旧不堪之球板，联合会早已不用。然初学者，不知球板之优劣，尚纷纷购买，一般商贾，只知保守不思改良。"②林泽苍有鉴于此，于1923年创设三合公司，专售合乎标准的乒乓用具。几乎同时，其他商家也从中窥到巨大商业价值，纷纷制造相应器材，供爱好者选购。

我国最早的乒乓球比赛，由于使用的是纯木板的球拍，并在球板的中部钻出横直各四

① 曾廼顿. 乒乓[M]. 上海：商务印书馆，1933.
② 俞斌祺. 乒乓训练法[M]. 上海：勤奋书局，1949.

五行排成菱形状的小孔，大多质量很轻，所以击球速度很慢，打球的攻防动作都很慢，只有挡球的技术，很多时候都是站在近台彼此推来推去而已，虽然有些运动员已开始采取提拉动作，但速度力量较差，强烈的互相对攻则更是少见。1937—1948 年间，开始使用胶皮拍，技术有所改进，比赛中经常采用快速攻球和远台削球技术。我国乒乓球运动从 20 世纪 20 年代到 40 年代，基本上处于一个完全模仿的阶段，主要靠学习国外乒乓球运动员的技战术打法，没有形成自己独特的风格。直到新中国成立后，在 1957 年，中国才发明了直拍削球和左推右攻技术，开创了新的握拍姿势，修正了日本式直拍握拍的弱点，照应了攻守两端的均衡，并开发了新的站位方式，世界乒乓球运动从此有了中国元素。

五、近现代中国乒乓球规则的制定

当乒乓球传入中国，在早期开展乒乓球比赛的时候，由于国际上也无统一的乒乓球规则可以遵照，所以尚无乒乓球规则可以应用。“室内游戏之事，张网于长方形之桌上，其规则则与网球同，唯拍子用木板，而球则以明胶等质料为之，轻而不能及远。”[①]其比赛方法及规则等，均参照网球比赛的方法。

初期阶段，比赛规则大多临时指定，比赛时候不但拍子的质量、大小、形状等均无规定，甚至最为重要的器材——球台的长宽高低，也常因人而异，往往利用现成的桌面，球的质量也差，每场比赛往往要打坏很多球。我国在进行乒乓球比赛的时候就深知乒乓球规则的重要。“球类规则，非常重要，所以各种球类像足球、篮球、网球、棒球和排球等都有一定的比赛规则，体育家没有一个不是当它做金科玉律的，差不多像国家的法典一般。乒乓比赛，当然也不可没有规则。查乒乓规则的订立，各国都有，不过订立的年代还没有长久，而精密完备的乒乓规则，那还是在最近数年内方在订定的。”[②]有鉴于此，1923 年在我国的第一个乒乓球组织——上海乒乓球联合会成立大会上，通过了制定乒乓球规则的决议，同时委托会长胡铁吾、林泽苍以及青年会日校乒乓会代表许立卿三人作为起草乒乓球规则的委员，在 1924 年 3 月 1 日召开的上海乒乓球联合会春季会上全体讨论并通过，并于 1924 年 9 月 1 日由林泽苍主编了《乒乓规则》(并附有英文版本)。1925 年，当秋山杯乒乓球赛得到中日双方的响应后，中日两国还没有适当的乒乓球规则，当时世界上英美德法等国都订立了乒乓球规则，可是各国互异，还没有统一的规则。因此中日两国代表共同编订了乒乓球比赛规则及各项办法，以供比赛时应用。虽然这种规则仍然是临时性质的，不过也算是我国最早的正式的乒乓球规则了。

除了上海已经初定乒乓球规则外，国内其他城市也开始制定相应的规则，以指导比赛的进行。1933 年《体育画报》就报道了天津乒乓球比赛规则，其划分较详细，有 42 条要目，其中规定“乒乓球桌面长 9 英尺，阔四英尺八寸，桌高二英尺七寸，桌面需用坚硬的木料为

① 王倘，等. 中国教育词典[M]. 上海：中华书局，1933.

② 中国体育社. 最新注释乒乓球规则[M]. 上海：三民图书公司，1947.

之。以标准球自离桌五尺高处下坠之台上，须有平均二尺五寸至二尺八寸之高弹力性。桌面须平滑，板之厚度在一寸半之间。桌面须涂以深绿色(Dark Green)颜料不宜加漆，并涂以四分之三寸阔之白线于桌边之四周，然漆后需用不影响球之弹性。乒乓球室内之空隙，须离桌面两端各十英尺，两旁各六英尺，自桌面之天花板九英尺。发球范围平方三尺八寸，一段与阔底线相接，围绕发球范围变线须具下列各线……"①。

随着乒乓球在国内的传播，乒乓球比赛的增多，各省级、各行业及各单位交往的频繁，规则混乱导致的纷争也逐渐增加，规则的统一及标准化愈加紧迫。中日两国有鉴于此，特于 1927 年 2 月 22 日，召集各国代表，进一步商议乒乓球规则。当时中国代表为俞斌祺(中华全国乒乓球联合会主席委员)、胡铁吾(中华全国乒乓球联合会委员)、金季明(中华全国乒乓球联合会委员)、何逸云(中华全国乒乓球联合会委员)、林泽苍(中华全国乒乓球联合会委员)，会议记录委员张永礽(中华全国乒乓球联合会委员)；日本代表为九岛福太郎(日本全国桌球协会干事)、仓知四郎(上海日本人桌球协会会长)、木村证司(上海日本人桌球协会理事)、城户尚夫(上海日本人桌球协会干事长)，会议记录委员福岛进藏(上海日本人桌球协会理事)、真锅宝(上海日本人桌球协会干事)，顾问前田寅治；另外还有美国代表爱格来(顾问)、英国代表霍金斯(顾问)等。多位乒乓球专家齐聚一堂，专门讨论乒乓球规则，包括比赛方法、比赛制度等，最后就讨论结果达成一致。在第八届远东运动会上，这一乒乓球规则第一次被实地使用，博得了各国运动员的赞誉。有人把此次制定的规则，称为中日协定标准乒乓球规则，也有人称它为万国乒乓球规则。

乒乓球比赛规则的不断完善，不但推动了此项运动的发展，促进了技术的改变和提升，同时还避免了比赛时因不懂规则而导致成绩不利的局面，最为重要的是，其为我国乒乓球发展同世界乒乓球的接轨铺平了道路，指明了方向。

六、女子乒乓球运动的开展

不同于足球等激烈的运动项目，乒乓球运动合乎女子身心特点，运动量不是很大，可在室内游戏，对于女子尤为相宜，所以女子练习乒乓球的人数很多，也不乏优秀人才。虽然女子练习乒乓球不逊于男子，可是女子乒乓球的比赛从来没人提倡，因此就不免比男子落后了，这成为近代中国女子乒乓一度落后的原因。

1924 年，由林泽苍所著的《乒乓规则》一书，其书末提到了女子乒乓球运动的发展。林泽苍指出，中国乒乓球运动虽发展进步神速，但仅仅局限于中国男子乒乓球的发展。在其号召下，1927 年，两江女子体育学校发起组织乒乓球队，这是最早发起的女子乒乓球队。《上海女青年》与其他报刊就提倡女子乒乓球运动的重要意义进行了报道。自 1930 年赴日与日本群山学校比赛之后，国内开始极力提倡女子乒乓球，积极建议组建中国女子乒乓球队，以为将来与日本女子比赛作准备。中国女子乒乓球也开始各处举行比赛，同时女子乒

① 天津体育乒乓球比赛规则——一个修正案[J]. 体育周报，1933，2(4)：11-14.

乓球组织的队伍也日渐增多，比如感动女子乒乓球队、爱国女子乒乓球队，都是当时有名的队伍。

自女子乒乓球队组建以来，经热心人提倡，社会上对女子乒乓球运动的兴趣日渐浓厚。1933年，天津市举办第三届公开乒乓球比赛，“自二月一日起始报名，参加者异常活跃，女子组为第二届比赛，亦较去岁进步多多，计有个人八名。”①乒乓球运动在武汉颇有风起云涌的气势。武汉市青年会为进一步精进乒乓球技术，特主办第一届武汉市乒乓球赛，分为男子甲、乙，女子，小学等四组。女子组有懿光、懿德两队。“每值比赛，室内围得水泄不通，后至者均无插足地。战至紧张处，全场观众莫不平心静气，鸦雀无声，待胜负已判，则鼓掌声震彻屋瓦。经月余之混战，女子组懿光独获冠军。”②

随着女子乒乓球运动的普及，乒乓球不再仅仅局限于大城市，而是推广到全国不少地方，逐渐进入全国各地的普通家庭。自万县媒体的报道可以看到普及的程度：“万县市立第三小学校该校六百多学生中，至少有半数酷爱这种运动，球台多至十余个，教室的书桌，都全做了球台，教师们也努力提倡，所以外边人说他们是‘乒乓狂’。”万县市第二届女子乒乓比赛首次为体育协进会举办各种球类银杯赛及国术比赛，特别加入了乒乓一项，女子组加入者，仅女中校、市三小、女一校三队。“比赛时精彩百出，每场观众踊跃，平均约在一千人以上。”③

虽然在“旧中国”，广大人民生活中没有条件从事体育锻炼，乒乓球运动也很难得到健康的发展，但是近代中国在乒乓球组织、竞赛、技术、规则、女子乒乓球等方面都进行了有益的探索与发展，为当今我国的乒乓球事业与乒坛霸主的地位与打下了初步的基础，实现了当初“乒乓人人，人人乒乓”的美好夙愿。

第二节　当代中国乒乓球队的成长

一、艰苦创业，经受考验

1949年新中国成立后，在中国共产党和人民政府的重视和关怀下，我国乒乓球运动获得了新生。1952年10月，在北京举行了第一次全国乒乓球比赛，六大行政区和铁路体协的62名男、女运动员参加了比赛。当时的国际乒联主席蒙塔古应邀来京访问，并对全体运动员发表了热情友好的讲话，他预言中国队将会以世界强队的姿态出现在世界乒坛。同年，中华全国体育总会乒乓球部正式加入国际乒联，随后我国乒乓球国家队宣告成立。1953年，在克罗地亚的布加勒斯特举行的第二十届世乒赛上，第一次出现中国人的身

① 莫不抗. 第三届天津公开乒乓球比赛纪实[J]. 体育周报，1933，2(8)：10-13.
② 先锋. 武汉第一届乒乓锦标赛记[J]. 乒乓世界，1935(21)：370.
③ 景星. 万县市第二届女子乒乓比赛记[J]. 乒乓世界，1935(21)：371.

影——1936 年与国际乒联的失之交臂，让中国乒乓球走上世界舞台的时间推迟了十七年之久。但成立于新中国初期的中国队属于弱旅之列，1953 年第二十届世乒赛时，男队仅获得一级队的第 10 名，女队还处于二级队的水平。

当年轻的中国选手刚进入世界乒坛时，有些欧洲国家看不起我国传统的直拍快攻打法，认为直拍技术不如横拍技术全面。为了改变这种状况，使我国选手也具有多种多样的打法，我国开始重视和加强队员的基本功训练，提倡和培养一部分横拍运动员，学习研究欧洲削球选手的技术。1956 年 3 月，在东京第二十三届世乒赛中，中国乒乓球男队上升为一级队的第 6 名，女队由二级队升为一级队。

1957 年斯德哥尔摩的第二十四届世乒赛上，中国男、女乒乓球队分别战胜了种子队罗马尼亚队和英国队，双双进入决赛。我国选手王传耀利用直拍近台两面攻打法在团体赛中打败了当时世界头号选手日本队的荻村伊智朗，女选手孙梅英打败了英国优秀选手安·海顿。我国男队升为一级队的第 4 名，女队由一级的第 11 名上升为一级的第 3 名，取得了较好的成绩。短短的几年间，我国乒乓球队在世界乒乓球比赛中，由默默无闻跃升到世界强队的行列，说明了我国乒乓球所取得的进步，同时也显示了贯彻“百花齐放”的方针、坚持以我为主的发展方向，已经取得了初步的成效。

二、蓄势待发，勇攀高峰

1958 年，我国乒乓球队再次组织集训，以备战次年的第二十五届世乒赛。在回顾之前比赛历程、分析世界乒乓强队技战术特点的基础上，做了大量的工作和充分的准备。1959 年，我国优秀运动员容国团第一次夺得第二十五届世乒赛的男子单打冠军，标志着我国乒乓球运动在世界的崛起。

1961 年，我国主办了第二十六届世界乒乓球锦标赛。在这届比赛中，我国运动员发挥出色，使用直拍快攻打法战胜了日本的弧圈球和欧洲的削球打法，一举夺取了男子团体、男子单打和女子单打 3 枚金牌，这也是我国第一次获得男子团体冠军奖杯——斯韦思林杯。从此，我国乒乓球运动走到了世界前列，突出的成绩带动了全国群众性乒乓球运动的普及，形成了全国乒乓球运动热。

1963 年，在第二十七届世乒赛上，中国男队继续保持优势，不仅蝉联了男团、男单冠军，张燮林和王志良还为我国夺取了第一个男子双打世界冠军。

1965 年，第二十八届世乒赛上，中国男、女队共获得 5 项冠军，其中包括男子团体、男子双打、男子单打和女子团体、女子双打。此外，男、女队还获得了 5 项第 2 名，6 项第 3 名，这个成绩震惊了世界。由此，我国乒乓球运动水平进入世界领先行列。中国队在比赛和胜利的喜悦中深深地体会到：世上无难事，只要肯登攀。建立明确的主攻目标和勤学苦练，掌握过硬本领是攀登高峰的必由之路。

三、技术创新，改革发展

由于“文化大革命”，我国乒乓球运动受到了一定的影响。1971 年，两届世乒赛未参加的中国运动员重返赛场，参加了第三十一届世乒赛。从那时开始至今，由于各国乒乓球技术的提高，尤其是欧洲乒乓球运动的复兴，使力量的对比发生了很大的变化，但是我国乒乓球队不断进行创新，既坚持以我为主又吸取国外的长处，从而不断丰富自己的打法，取得了更优异的成绩。在此次大赛中，中国队夺回了斯韦思林奖杯，同时夺得了女单、女双和混双4项冠军，其中林慧卿和张燮林合作，为我国夺取了第一个混合双打世界冠军。

在此期间，中美两国开展了著名的“乒乓外交”，运动员的互访打开了两国人民友好往来的大门。在技术上，欧洲选手舍弃了传统的削球打法，吸收中国的快攻和日本的弧圈球技术，创造了横握球拍、速度与旋转相结合的打法，向中国队发起了挑战。此时中国队在技术指导思想上也有所发展和创新，即在原有的“快、准、狠、变”的基础上增加了一个“转”字，直板正胶普遍增加了上旋球，1973年（第三十二届世乒赛）至1979年（第三十五届世乒赛），中国队均取得了可喜的成绩。

同时，在破弧圈球方面中国也有了新技术，挑选了一批队员改打直板反胶，形成了新型的直板反胶进攻打法，以及横直板两面不同性能球拍的“倒板”打法。在此期间，中国队认为技术创新是保证常胜的唯一途径，发球的创新、侧身高抛发球、快点、反手快带、反手加力推以及侧推、推下旋、推挤，这些技术都是在弧圈球的逼迫下探索出来的新技术。这些探索和创新，为20世纪80年代中国队的提高和发展，打下了坚实基础。

四、培养新人，再创辉煌

由于“文化大革命”前培养的老运动员相继退役，之后培养的年轻选手还没有完全成长起来，成绩起伏较大。中国队在第三十二届、第三十五届、第四十届世乒赛男子团体赛中分别负于瑞典队和匈牙利队。在1981年举行的第三十六届世乒赛上，我国的乒乓球运动水平达到了一个新的高峰，中国乒乓健儿经过奋勇拼搏，包揽了全部7项冠军，创造了乒坛历史上的奇迹，中国队在奥运会中占据了乒乓球项目的优势。在这一阶段取得较好成绩的主要原因是：大胆起用新人，人新球艺新。新一代运动员成长起来，几乎获得了所有乒乓球比赛的金牌。

在20世纪80年代的5届世乒赛中，中国运动员获得了金牌总数的80%。中国队取得的骄人成绩，同时吸引了各国加强对中国队的研究，中国队的优势受到潜在的威胁。

五、为国争光，永攀高峰

20世纪90年代，世界乒坛向着多元化方向发展，世界各国向中国提出了挑战。尤其是以瑞典队为代表的欧洲劲旅，把弧圈球打法提升到了一个新层次。由于技术打法缺乏创新、新老队员的交替不及时、队伍管理以及作风建设等多方面的原因，中国男队连续3届与斯韦思林杯无缘。在第四十一届世乒赛上，男队成绩跌至第7名，女队也在决赛中败给朝鲜南北联队，痛失了考比伦杯。由于第四十届和第四十一届世乒赛的失利，中国队痛定思痛，认真总结经验教训，提出了“志气、骨气、杀气”的治队方针，抓管理，树信心，搞技术创新，加快对新人的培养。在第四十二届世乒赛上，中国队夺得女团、男双、女双和混双 4 项冠军和男团亚军，终于走出低谷，为中国乒乓球再创辉煌打下基础。1995 年，中国男队在第四十三届世乒赛上击败瑞典队，重新捧回斯韦思林杯，中国女队也蝉联了团体冠军。在此期间，我国乒乓健儿还创造了包揽两届奥运会金牌和两届世乒赛金牌的奇迹，中国的乒乓球运动进入了又一个高峰。

纵观参加世界乒乓球锦标赛五十多年的历史，中国乒乓球运动有过领先于世界的荣耀，有过失去领先的痛楚，但是，值得国人引以为豪的是：长期形成的“乒乓精神”，激励着一代又一代的运动员不懈奋斗、不屈不挠、不断钻研、不断创新，这种精神也进一步升华成为国争光的集体主义精神。

第三节　乒乓球运动的发展趋势

纵观国际乒坛群雄逐鹿的现状和乒乓球运动的发展规律，可以预见，未来各种打法还会不断充实和完善，技术将更加精进，也会出现一些新的技术和打法。

一、“技术全面，无明显漏洞”在未来一段时间内仍是主旋律

“技术全面，无明显漏洞”仍是乒乓球运动发展趋势的主旋律。这主要是指各个单项技术、战术掌握要牢固熟练；诸多的技战术组合要合理；细腻的前三板球、控制和反控制能力要突出；进攻、相持、防御的转换衔接要流畅；攻防、正反手技术的使用、狠与稳的实际运用均要恰当合理。从发展上讲，加强球的凶狠、力量是必要的，但仅仅这些是不够的，必须要有全面的技术，没有明显被对方攻击的漏洞和死角。该打法经典人物代表：马龙、樊振东。

（一）前三板优势减弱，相持阶段比重增加

从近几年的比赛来看，前三板得分的机会相对减少，只能得势，之后连续高质量的相持才是得分的关键。在前三板技术中，多样化技术的灵活运用是发展的趋势。如果单个技术频繁使用，比赛中会造成对手的适应过快，不利于整场比赛、赛季和未来职业生涯的长远发展。

应该充分理解球的旋转强度，果断地判断，迅捷地出手，合理地运用技术手段，正确地组织技战术套路。在相持技术中，当今局势是以正反手相持为主导，以技术中变线为主流手段，侧身的运用难度急剧提升。在反手相持阶段双方较为均势的情况下，变线与应对变线则成为非常重要的一环。之后的对拉环节，就是对正手与身体素质的强大考验。

（二）强调正手的同时，还要重视反手

无论直板还是横板，其正手与反手都必须具备同等条件的进攻能力。随着乒乓球运动的发展，纯粹以正手为主、反手为辅的进攻体系已显单薄。我国 20 世纪 80 年代直板快攻的

统治阶段的结束，也正是因为反手并没有有效的、有质量的进攻，更多的则是过渡和打开角度，为接下来的正手进攻打基础做准备。

随着王皓将直板横打技术的演绎得炉火纯青，以及张继科将反手台内拧拉技术发扬光大，使得反手拧拉技术成为现如今国乒最常使用的技术之一。在目前国际比赛中，反手使用的频率占比明显高于正手。尤其是在前几板的对抗中，甚至是相持阶段，反手的使用率也是相当之高。当然这并没有表明正手的重要性在下滑，而是说明运动员现在的线路选择更加多元，无论是正手位拉球还是侧身强攻，想要使用正手技术进行进攻都需要脚下步法的支撑，来获得更多的主动权。

二、女子技术仍将继续朝着男性化的方向发展

当今世界乒乓球技术的一个鲜明特点是：每种打法的技战术都朝着更加主动的方向发展。尤其是女子乒乓球运动员的技术风格发生了巨大的变化，“女子技术男性化”的发展趋势越来越明显。这种打法主要表现为加大了正手攻球的使用频率和步法的跑动范围；在击球力量、速度、旋转上向男运动员靠近；在出手的落点、弧线、节奏和战术意识上接近男运动员的水平。著名的奥运冠军郭跃、李晓霞，便是当年“女子技术男性化”的代表人物。她们打法凶悍，拼抢意识强，脚下跑动范围很大，击球动作幅度大，正手使用频率很高且进攻实力非常强，拥有一板过的能力，擅长以暴制暴。现如今新生代“女子技术男性化”打法代表：王曼昱、孙颖莎。

（一）强化主动进攻意识

该打法本质上是一种进攻型打法，特别强调进攻意识。不管正手还是反手，能先进攻就先进攻，主动变成带有进攻性质的上旋球，尽量减少过渡球和防守球。在接发球环节，加入很多主动上手的手段。如正手增加挑打技术的使用，反手则采用拧拉技术。像王曼昱、孙颖莎在接正手位短球时，有时也会采用反手爆拧技术直接破对方的发球。

（二）突出发抢和控制落点

在发球环节，根据对方的回球线路，主动用反手形成相持，紧接着用正手爆冲斜线、直线或者中路得分。在相持球环节，讲究合理主动发力，主动变线，控制节奏和落点，并抓住机会使用正手侧身进攻给对手致命一击。

（三）近台争夺激烈，站位有所变化

随着乒乓球运动员技战术水平的不断提高和抢先上手的意识不断加强，近台的争夺至关重要。必要时适当地主动退后半步，为两面高质量的弧圈球进攻腾出发力空间，同时便于在相持阶段跟对方周旋。

（四）心理素质过硬，强调个人技术风格和能力

“女子技术男性化”打法球风凶悍，早期追求单板质量，如今随着“大球”的来临，乒乓球的旋转变弱，速度减慢，双方回合增多，所以要更加注重连续打相持的实力厚度，并尽可能

打出高质量、速度快的球。

乒乓球运动规则和器材的改革，技术水平的不断创新，以及比赛速度节奏的快速变化，都对女子乒乓球运动员身体素质和心理素质提出了更高的要求。过硬的心理素质，适应性较高的竞技水平，让她们能够在紧张激烈的比赛状态下保持稳定的心态，发挥自己的技战术水平。

总之，世界乒乓球运动的趋势将朝着“更加积极主动，特长突出，技术全面，战术变化多样”方向发展。

思考题

1. 试述乒乓球运动在中国的传播和近现代发展历史。

2. 结合实际或自身情况，谈谈你对未来乒乓球的技术、战术、打法方面的变化或发展的认识。

第三章　乒乓球器材与规则发展概况

本章提要

乒乓球运动发展至今，器材经历过数十次的变化，球拍、球、球网、球台等都与刚出现时有了很大的不同。有些是基于原来的改革，有些则是相对于原来的创新，比如球的大小和材质的改变以及球拍附着物——胶皮的诞生。器材的改变引起打法和技术的变化，从而使得比赛规则相应改变。

学习目标

1. 了解乒乓球器材的发展历程。
2. 掌握乒乓球竞赛规则的各项演变。

第一节　乒乓球器械发展史

根据国际乒联博物馆中国乒乓球博物馆现有藏品，乒乓球器材发展史大致可分为以下五大类：乒乓球拍发展史、乒乓球发展史、乒乓球台发展史、乒乓球网发展史和乒乓球捡球器发展史。

一、乒乓球拍发展史

最早使用的球拍其大小、形状、质量不限，对拍面的覆盖物也未加限制。乒乓球拍的发展历程主要为：网状球拍→鼓状球拍→木板球拍→牛皮（羊皮）球拍→贴面球拍→胶粒球拍→海绵贴面球拍→其他球拍。

（一）网状球拍

乒乓球起源于英国，由于英国气候多阴雨，所以流行于室外的网球不得不因为天气原因被搬入室内，故而创造出所谓的“桌上网球”，即“table tennis”。因此，第一个乒乓球拍的造型与网球拍的造型十分类似（图 3-1）。

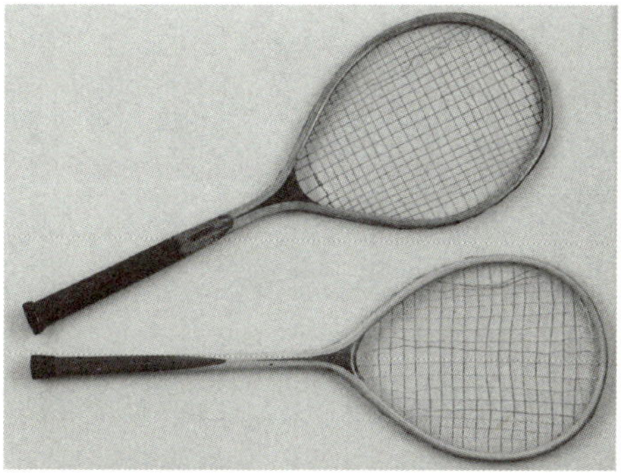

图 3-1 网状球拍

（二）鼓状球拍

随着人们对“室内网球”的接受程度愈来愈高，提高乒乓球运动的趣味性和竞技性成为势在必行的举措。为了增加乒乓球的弹性，人们不仅在球的材质上进行了多次改革，而且在乒乓球拍的制作工艺上也做了一系列的创新之举，如鼓状球拍的诞生，其主要目的就是增加乒乓球的弹性。通过国际乒联博物馆馆长恰克所提供的物品资料，虽然无法识得第一个鼓状球拍的庐山真面目，但依然可以看到当时很多典型的鼓状球拍(图 3-2)。

① 长柄鼓状球拍

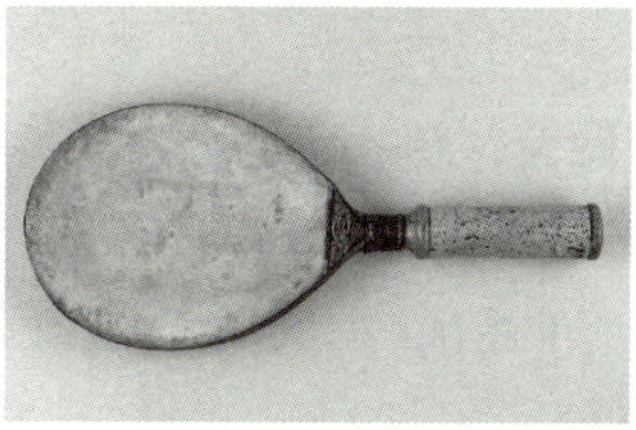

② 短柄鼓状球拍

图 3-2 鼓状球拍

（三）木板球拍

与鼓状球拍几乎同时出现的是木板球拍，它因取材便利、工艺简单深受世人欢迎。使用者根据自己的打法可以选择不同的木料来制作球拍，如杉木、软木等。同时，为了迎合上层社会的审美需求，木板乒乓球拍不仅是运动的工具，还成为了艺术家们发挥他们创造力的媒介，一件件精美的乒乓球拍艺术品如今可以完整地呈现在我们眼前(图 3-3)。

20 世纪 70 年代，在球拍材料的选用上，开始将碳素纤维加入底板中，这在一定程度上可以提高击球的力量、速度，又能保证击球的质量。由于碳纤维底板的出现，国际乒联规则对底板增加了两条规定：一条为“拍身应被认为是木质的，拍身厚度至少有 85%是天然材料，而且黏合层不超过总厚度的 7.5%或是 0.35 毫米，不管哪种算法，取其数小的一种”；另一条为“拍身的黏合层可包括加强的纤维材料，诸如碳纤维、玻璃纤维或压缩纸”。

① 烙画木板球拍　② 镂空木板球拍　③ 软木板球拍

图 3-3　木板球拍

(四) 牛皮(羊皮)球拍

对于球拍拍面的材质，人们一直在探索之中，在历史上还曾经出现过一种用单层牛皮(羊皮)制作乒乓球拍面的球拍(图 3-4)。

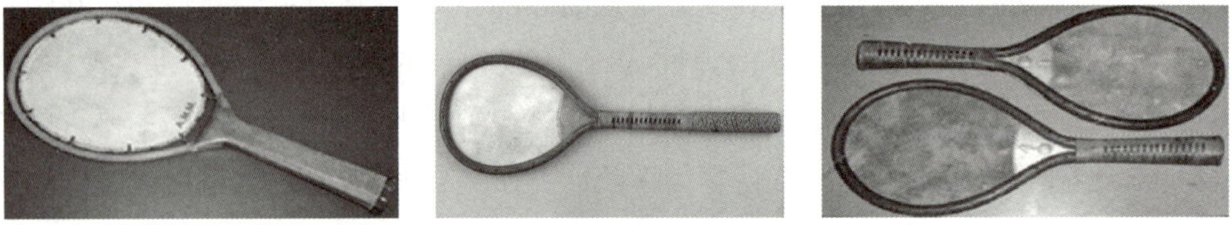

① 可调单牛皮纸球拍　② 长柄羊皮表面球拍　③ 短柄牛皮表面球拍

图 3-4　牛皮(羊皮)球拍

(五) 贴面球拍

由于此时乒乓球已经使用赛璐珞材质，为了使乒乓球更容易控制，人们开始在原先的木板球拍上添加一层皮革之类材质的表层(图 3-5)。

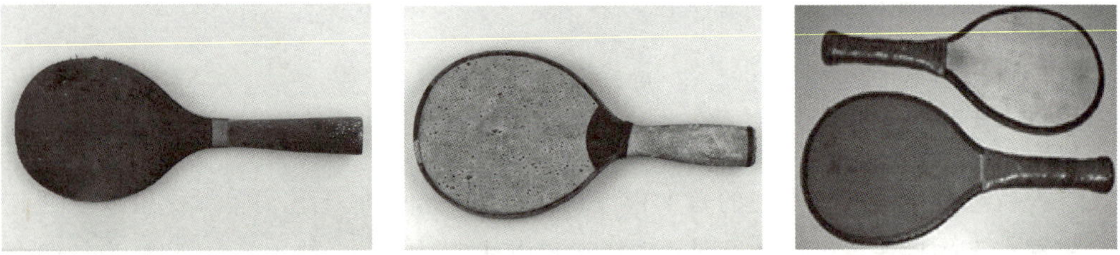

① 蓝色丝绒表面木质球拍　② 软木贴面球拍　③ 贴海绵上等皮纸球拍

图 3-5　贴面球拍

(六) 胶粒球拍

随着现代工业的发展，人们开始放弃皮革球拍，而把带有胶皮的胶粒贴在乒乓球拍上。胶粒球拍的出现，取代了打法单调、战术简单的木板拍，增加了球拍击球时的弹性和摩擦力，促进了削球技术的发展和攻防战术的演变，使乒乓球运动进入一个旋转世界，推动世界乒乓球运动水平跨入了新时代。同时，欧洲运动员利用削球打法垄断世界乒坛(图 3-6)。

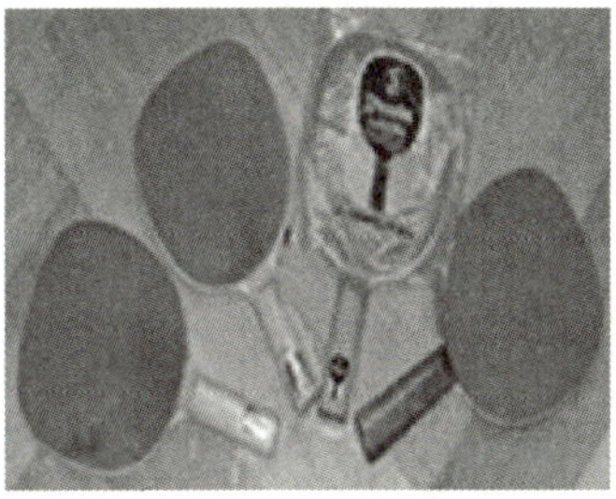
① 斯波尔丁球拍

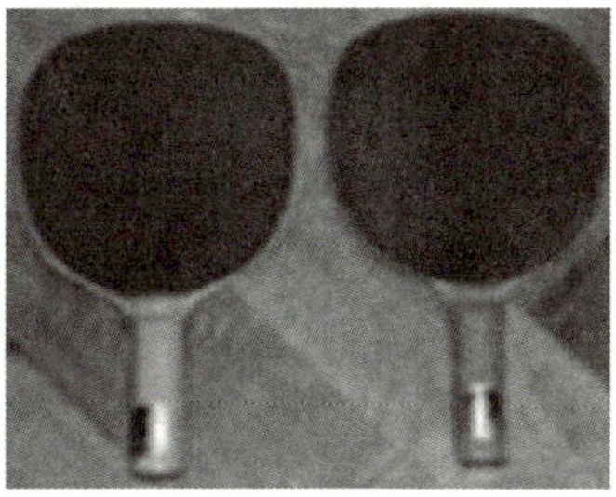
② 斯波尔丁平头球拍

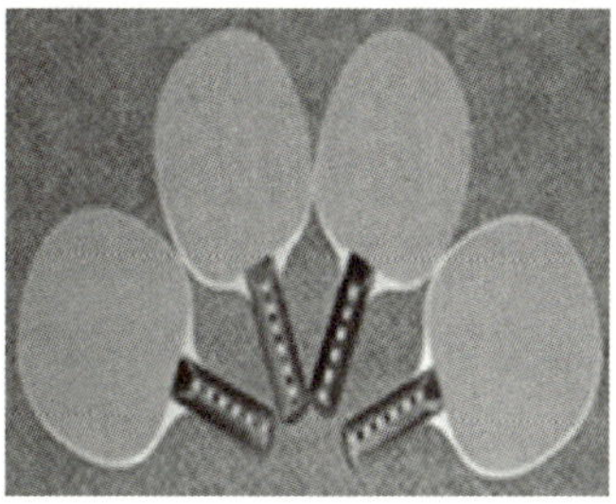
③ 哈佛(美国)球拍

图 3-6 胶粒球拍

(七) 海绵贴面球拍

1951 年,奥地利人发明了海绵球拍。到了 20 世纪 50 年代,日本运动员在正式比赛上使用海绵贴面球拍,利用球拍的特点创造了直拍远台长抽进攻型打法,战胜欧洲强手,一举夺得女团、男单、男双、女双 4 项冠军,震动了世界乒坛,显示出新“武器”的威力,开创了直拍与横拍、进攻与防守相互对抗的新局面(图 3-7)。

海绵球拍的出现颠覆了欧洲运动员削球打法的统治地位。这在乒坛引起了不小的争议,一些欧洲乒乓球人士呼吁禁止使用海绵球拍,但同时,一些支持这种在木板上覆盖海绵及胶皮做法的声音也是此起彼伏,其依据则是,20 世纪 50 年代初奥地利选手即使用海绵球拍,但并未受到非议。1954 年,参加第二十一届世乒赛男单决赛的狄村和菲利斯伯格使用的都是海绵球拍。

1959 年,国际乒联做出了关于球拍的决定——海绵 + 胶皮,肯定了海绵球拍的使用,这样就提高了击球的速度、力量和旋转,使乒乓球技术由防守向进攻迈进了一步。同年,国际乒联对球拍的规格化做出了规定,明确规定:拍面应为均匀一致的无光泽暗色;拍面覆盖物可以是一层颗粒胶,连同黏合剂不超过 2 毫米的颗粒胶,加上海绵和胶皮连同黏合剂不超过 4 毫米。

① 厚海绵华夫球拍

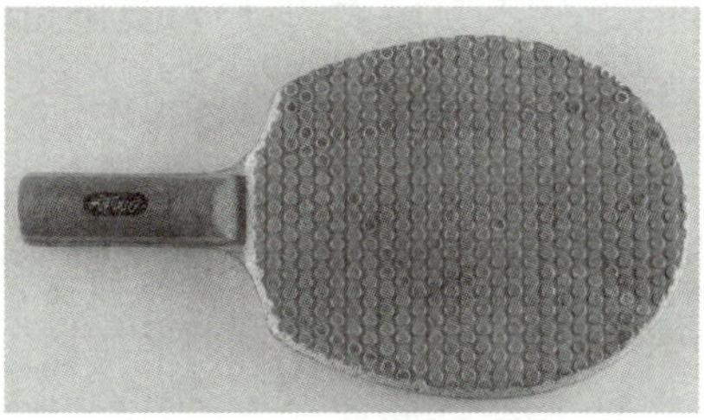
② 邓普禄巴纳厚海绵大球拍

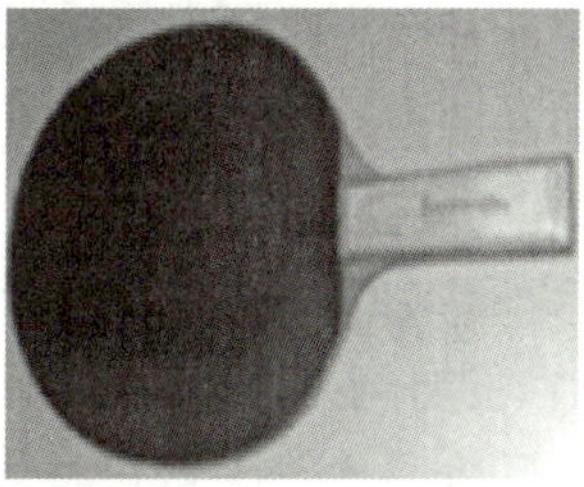
③ 运动纸厚海绵球拍

图 3-7 海绵贴面球拍

1984 年 1 月 1 日起执行新规则:在世界锦标赛、洲锦标赛、国际公开赛中,不管球拍两面的覆盖物是否相同,也不管球拍的两面是否都有覆盖物,球拍的两面均必须是两种明显不同的颜色。同时还规定，球拍任何一面的覆盖物都必须是整块的，一律为暗色无光泽，厚度均匀，没有覆盖物的一面不允许击球，否则将判失一分。从 1986 年 7 月 1 日起，规则又明确规定，球拍的两面不管是否用来击球，都必须一面为鲜红色，另一面为黑色。

海绵贴面球拍也经过很长一段时间的发展，才变成现在乒乓球拍的样子，一开始其表层较今天的球拍略显厚重。如今，乒乓球运动员都使用海绵贴面球拍，其种类主要有四种：长胶海绵拍、生胶海绵拍、反胶海绵拍和正胶海绵拍。

（八）其他球拍

除了以上几种类型的球拍以外，在乒乓球发展的百年历史舞台上还出现过诸多配角，即其他非主流的乒乓球球拍，如塑料球拍、异型球拍等（图 3-8）。

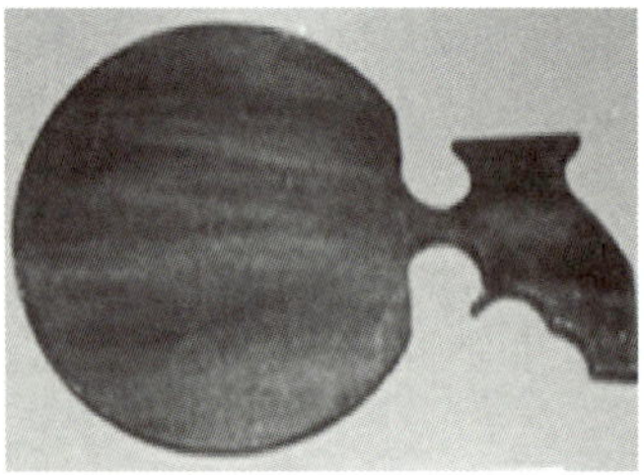

① 手枪式木质球拍

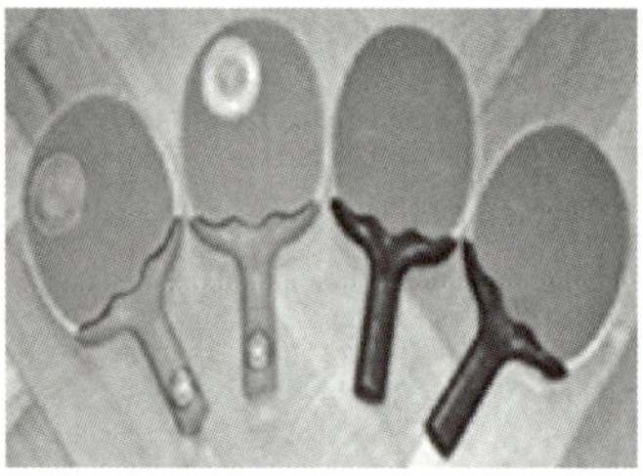

② 威尔逊塑料手柄硬质球拍

③ 手套式球拍

图 3-8　其他球拍

二、乒乓球发展史

乒乓球的演变主要在于其材质和体积上的变化。第一只乒乓球是用布和橡胶制成的，其后逐渐出现了纯棉布、软木、纸浆、橡胶、塑料等材质的乒乓球，甚至是球体内部有金属小球的乒乓球。大约在 19 世纪末，由赛璐珞制成的乒乓球替代了其他材质的乒乓球（图 3-9）。

伴随着制球材质的改变，乒乓球拍的材质也发生了相应的变化。当赛璐珞球出现后，木板拍代替了空心的小网球拍，而且拍柄也比以前缩短了。木板拍虽然表面平整、坚硬，但球拍击球的摩擦力和弹性较小，产生不了多大的旋转，速度也慢，只能进行平挡和直扣，故打法单调，技术简单。

从 2000 年 10 月 1 日起，“大球”开始启用。乒乓球球体直径从 38 毫米增至 40 毫米。球变大后，球的速度和旋转相对减弱，击球的力量相应加大，增强了比赛的对抗性和观赏性，同时也使得球板、海绵和胶皮都要为此做出了新的变化。

2013 年 5 月的巴黎世乒赛上，国际乒联通过决议，自 2014 年 7 月 1 日起，包括奥运会乒乓球比赛、世乒赛、世界杯、国际乒联公开赛以及总决赛等都将使用安全环保、以高分子聚合物为原料的新塑料球，这意味着有一百二十多年历史的赛璐珞球将全面退出历史舞台。同时，国际乒联规定，新球的直径标准由原来的 39.50～40.50 毫米上调到 40.00～40.60毫米，如此微小的尺寸调整，却足以让乒乓球的旋转、速度与弹性发生明显变化。国际乒联要求新塑料球一律采用“40＋”的标注方法，与之前的“40”区分，乒乓球开始进入“40＋时代”。

① (1890)直径33毫米，布及橡胶材质的乒乓球　② (1891)直径55毫米，棉线乒乓球　③ 现代软木球

图3-9　乒乓球

三、乒乓球台发展史

由于乒乓球是由室外运动网球演变而来的，所以一开始时球桌只是简单的餐桌。人们利用日常生活用品餐桌作为球台来进行乒乓球运动。20世纪上半期，乒乓球桌较窄，为146.4厘米，球网高17.3厘米。虽然胶皮颗粒球拍的出现产生了削球打法，增强了乒乓球的旋转因素，丰富了乒乓球运动的内涵，但是由于当时对比赛时间没有规定，使得一些比赛冗长而乏味，经常出现打“蘑菇球”的局面，最后有的裁判不得不用掷钱币的方法来决定胜负。为了解决这一问题，第十一届世乒赛后，国际乒联对乒乓球规则做了细化，球台宽增加至152.5厘米，球网高度降为15.25厘米。以鼓励积极进攻，加快比赛进程，防止消极打法。现在的球台标准尺寸为：球台台面274厘米×152.5厘米，乒乓球台台高76厘米，乒乓球台网宽183厘米。依据国际乒联博物馆中国乒乓球博物馆所提供的物品信息，其所藏乒乓球桌只有四台，分别是1890年最早的乒乓球桌套装、1961年世乒赛球桌、2005年世乒赛球桌和2012年伦敦奥运会球桌(图3-10)。

① (1890)福斯特球桌套装　② (1961)世乒赛球桌　③ (2012)伦敦奥运会球桌

图3-10　乒乓球台

四、乒乓球网发展史

乒乓球网除了高度有变化外，其主要变化在于网和网柱的材质以及制作工艺上的变化。球网的主要材质为棉线、塑料线、丝绸线等。网柱的材质多为金属和木质(图3-11)。

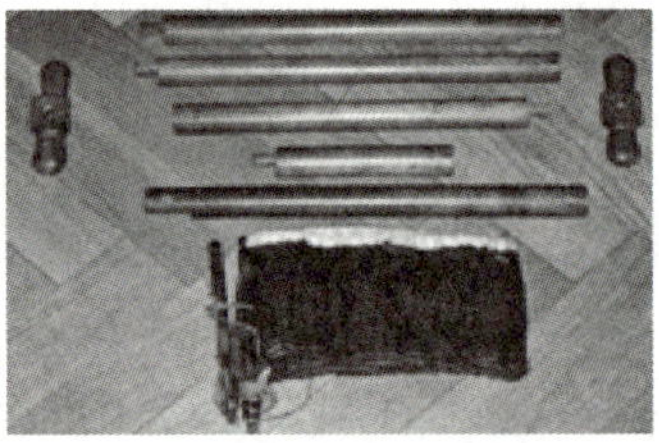

① 便携式球网

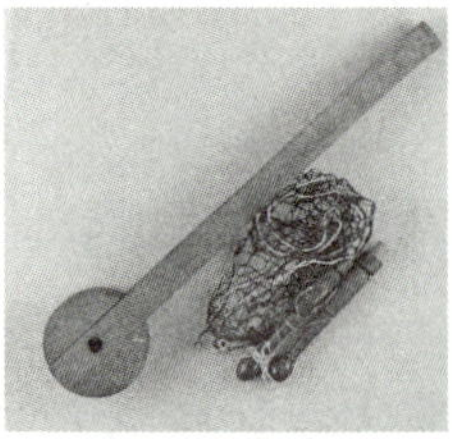

② 自立式球网

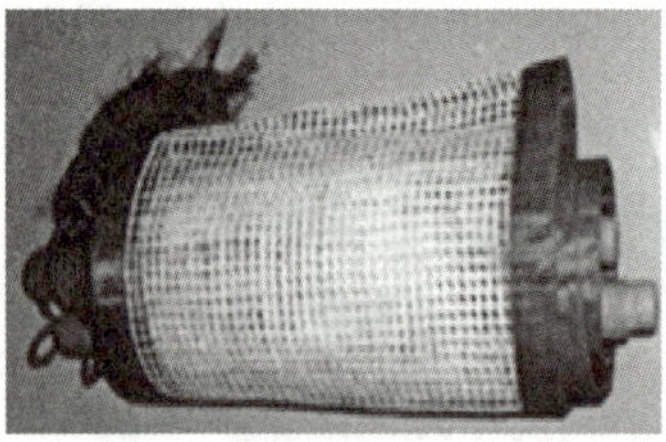

③ 红色丝绸装饰及流苏球网

图 3-11　乒乓球网

五、乒乓球捡球器发展史

乒乓球捡球器的产生主要是为了方便人们捡取落地的乒乓球，避免弯腰之苦。一开始的捡球器为一根长木棍，一端是用金属做成的三片花瓣状或螺旋状的铁丝网，其网中体积恰好可容纳一个乒乓球的大小。后来为了方便一次捡拾多个乒乓球，人们便对捡球器进行了改良，制成网兜状(图 3-12)。

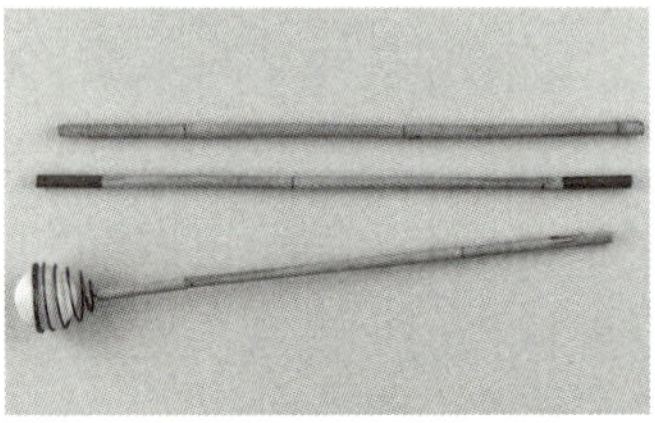

① 捡球器

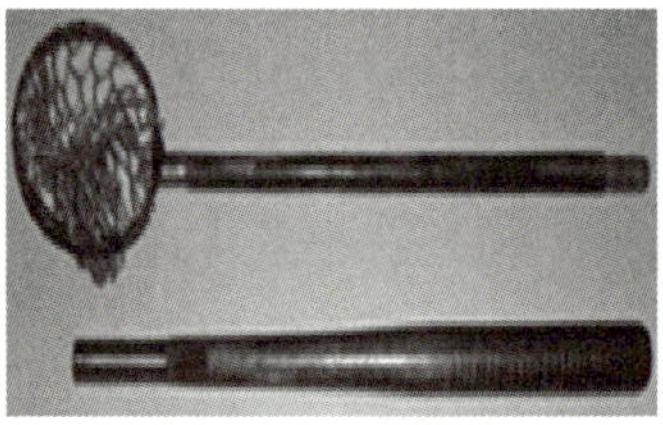

② 杰奎斯捡球器

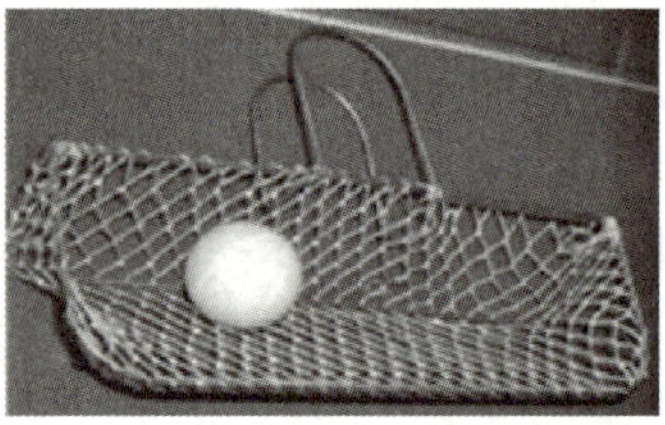

③ 网兜状捡球器

图 3-12　乒乓球捡球器

第二节　乒乓球竞赛规则发展史

一、乒乓球运动规则的确立

1922 年，乒乓球游戏在欧洲获得复兴，英国的 Cabendish 乒乓俱乐部创造和采用了国际上第一个记载在册的乒乓球规则。

20 世纪上半期是欧洲乒乓球运动的鼎盛时期。1926 年，国际乒联在德国柏林发起，伊沃·蒙塔古当选为国际乒联首任主席，制定了第一个正式的竞赛规则，同年第一届世乒赛在英国举行。竞赛规则涉及单打和双打两个方面，其中单打有 15 项要点，分别对球台、球网、网柱、球拍、计分、发球、选边、换发球、接球、暂停、得分等详尽表述；双打有 9 项要点，分别对球台、接发球、有效击球、计分等都有非常详细的规定。

到了 20 世纪 30 年代，1936 年第十届世乒赛团体决赛，奥地利对罗马尼亚队的一场比赛，三名选手均为削球打法，由于水平接近，比赛共进行了31小时，比赛是分三个晚上进行的，最后奥地利队5∶4取胜，获得冠军。男单半决赛中，两名削球选手更是在1分的争夺中耗时2.3个小时。在第十一届世乒赛女子单打决赛时，由于长时间未分胜负，大会拟以抽签的方式来决定冠亚军，但双方都不同意，导致这届比赛没有冠军。

乒乓球比赛中的这种“马拉松”式比赛，已经严重影响了乒乓球运动的健康发展，因此在1937年，国际乒联代表大会的各会员国一致同意，决定对比赛器材和规则进行修改：球由软球改为硬球。改变球台的尺寸，球网高度由17.3厘米降至15.25厘米，球台宽度由146.4厘米加至152.5厘米。限制比赛时间，如果是三局两胜制的比赛，限定每局20分钟，总时间不超过1小时；如果是五局三胜制的比赛，总时间不能超过105分钟，任何理由都不能成为继续延长比赛的借口，如果在限定的时间内比赛依然没有结束，按照规则规定，竞争对手中比分领先者为胜方。

二、乒乓球运动规则的演变

乒乓球运动规则从20世纪50年代至今频繁地发生着改变。不论是器材、比赛分制，还是打球方式的规定，都处于不断变化之中。

（一）球拍规则的变化

随着乒乓球器材的发展，球拍制造技术上的科技含量越来越多。在20世纪70年代，中国乒乓球队将传统的正胶海绵球拍换成反胶海绵球拍，同时把正手的拉打及反手推挡结合起来，形成了直拍反胶近台快攻的打法，并在其后的一系列比赛中取得了不错的成绩。此时，乒乓球拍在底板材质上也发生了变化，在传统的木质底板的基础上，添加了碳纤维，提高了击球的力度与速度。因此，各国的乒乓球器材生产商加大了科研力度，针对不同打法研制出不同型号的产品，以满足乒乓球运动的发展。

国际乒联也开始针对乒乓球拍来制定一系列的规则。1959年，第二十五届世乒赛上国际乒联规定，球拍上胶皮厚度应小于等于2毫米，海绵厚度小于等于4毫米。在1979年第三十五届国际乒联代表大会中规定：一场比赛，第一次使用一个球拍前，若对方要求，应出示球拍两面。在第三十六届（1981年）世乒赛上，中国乒乓球队一举夺得了全部比赛项目的7块金牌，以及全部单项比赛的5块银牌，震惊了国际乒坛，引发了一场“革命”，修改比赛规则成了国际乒坛的一个“热点”问题，其中修改规则的核心是修改球拍。

1985年首届亚洲杯乒乓球赛上，国际乒联代表大会对球拍规则首先进行修改：

（1）规定了未加覆盖物的球拍不能用于击球。

（2）球拍两面的覆盖物必须是明显不同的颜色，如一面是黑色，一面是暗色。

（3）并与此条例相对应，还通过了运动员在发球时跺脚要判失分的规定，防止运动员用跺脚声掩盖球拍的不同覆盖物击球时发出的不同声音，使对方无法判断使用什么样的覆盖物，但问题仍未解决。

在第38届（1985年）国际乒联代表大会上再次将规定改为：球拍两面不管是否有覆盖

物，必须一面是红色，一面是黑色。到了 1992 年和 1993 年，规则确定为必须一面是鲜红色，一面是黑色。

1998 年 5 月 22 日，国际乒联在南非召开的理事会上，通过了“把球拍覆盖物正胶的几何图形中关于正胶胶粒的粒高和胶粒顶直径之比从 1∶3 改为 1∶1.1”的提案。这就结束了自 1996 年以来长胶的使用。并且，国际乒联还明确规定了，在比赛开始和比赛过程中，无论何时运动员要更换球拍，都必须向对手或裁判员展示他将要使用的球拍，并允许他们检查，而且在每局休息期间，运动员必须将球拍放在比赛台面，否则比赛重新开始时仍需要再一次展示和检查。如果运动员违反此项规定，首次警告，再犯者取消比赛资格。

从事物内涵的双重性来说，球拍的进化一方面推动了乒乓球运动的发展，而另一方面在国际乒联对球拍要求的框定下，又在一定程度上限制了乒乓球运动的发展。所以说，国际乒联在当时对球拍使用的限制和规则的变化，对今天乒乓球运动的发展起到了关键作用。

（二）发球规则的变化

20 世纪 50 年代，日本能够称雄国际乒坛，是由于他们成功地运用了海绵拍并将防守转换成进攻，从而将乒乓球带到速度的领域。20 世纪 60 年代，中国队的腾飞，依靠的正是近台快攻，再一次证明了速度在击球中的作用和优势。20 世纪 70 年代至 80 年代末，欧洲人发明了前冲弧圈球技术，并创造了具有划时代意义的横拍反胶弧圈结合快攻打法，将速度和旋转完美地融合在一起，使乒乓球运动技术质量再一次产生质的变化。

从 20 世纪 80 年代至今，发球规则的修改内容不断完善，在第三十七届（1983 年）国际乒联代表大会上通过了：运动员在发球时球拍和不执球拍手应该在球台台面水平之上。并对运动员发球球拍触球时，球的空间位置做了进一步限制：球的空间位置不但要在发球员端线之后，而且要在运动员身体躯干部分（头和四肢除外），离球网最高点的前面。在第三十九届（1987 年）代表大会上，对运动员发球时的抛球做出了更加严格的规定：球要近乎垂直地向上抛起，球离手后上抛的高度不能低于 16 厘米，并要求发球员在发球时必须让裁判员和接发球员看清其发球动作。

速度和旋转、速度和速度、旋转和旋转的较量越演越烈，快得观众来不及看清技术动作，甚至看不清楚球是否落在球台上、旋转的变化，使观众看不懂它的奥秘，感到迷惑，回合数量的减少降低了观众的观赏性，长期发展下去不利于乒乓球运动的发展和推广。因此，在 2000 年 2 月于马来西亚举行的国际乒联代表大会上一致通过，将乒乓球的直径由 38 毫米改为 40 毫米，2000 年 10 月 1 日起正式启用。乒乓球体积增大导致球速变慢，达到了国际乒联这次改变规则的目的，的确通过降低击球速度、降低旋转强度而增多了击球的回合数量，提高了收视率，使广大的观众再一次品到了乒乓球的魅力。

“发球无遮挡式”于 2002 年 9 月 1 日启用，其内容是：改变原有的隐蔽式发球，当球与球拍接触时，发球选手或他的双打同伴的身体和衣服任何部位，都不能在球网以及两侧网柱顶端与球连线所形成的虚拟三角形之内或上方。尤其是在侧身正手发球时，不能用身体和抛球的手、手臂及衣服遮挡对方球员的视线。发球规则的严格限制，达到了减弱发球威胁性的效果，让比赛在更加公平的条件下进行，也使比赛更快地进入中局竞赛相持阶段，从而对运动员的要求也越来越高。

通过对发球规则的不断修改，将发球控制在一定范围之内，使发球技术更加清晰、透明。

（三）比赛分制的变化

如今的乒乓球比赛实行“11 分制”，但在 2001 年之前，乒乓球比赛的分制为“21 分制”。在 21 分赛制的比赛过程中，比赛的时间较长，运动员在比赛中所承受的体力劳动和脑力劳动、心理负荷、精神压力过大，而这种过强的负荷对人的身体是极其有害的。如美国普赖斯和努涅斯于 1978 年 8 月 20—26 日在新泽西进行的一场单打比赛，长达 132 小时，比赛持续了 7 天；美国兰斯和费尔与沃伦和韦尔于 1979 年 4 月 9—13 日在萨克拉门托举行的一场双打比赛，长达 101 小时 1 分钟，比赛历时 4 天。这样持久的比赛，也会导致观众的欣赏疲劳。

随着体育商业效益的进展，为了方便电视转播，增加广告时间，因此，国际乒联在 2001 年开始执行 11 分 7 局 4 胜赛制，这是乒乓球运动有史以来力度最大的赛制改革，比大球改革带来的影响更大，它主要体现在比赛节奏加快、强对抗增多、变数加大、对技术要求更加精确；对运动员的比赛心理和技战术运用产生极大影响，要求运动员在赛前必须有充分、细腻的准备工作，从而达到综合预热，高清晰进入，高灵敏应变，低波动、强均衡竞技的理想状态。

（四）运动员服装、器材和场地规则的变化

20 世纪 90 年代初期，规则的变化主要在选手服装、场地器材，乒乓球比赛场地的气氛的改善等方面。改变选手服装的原因主要是：一方面随着体育运动商业的加速推进，作为运动员经费来源，运动员穿着赞助企业的广告服参赛已成为一种趋势；另一方面，随着全球对服装文化的认识，运动服装已经成为现代服装的重要组成部分，运动服日益艳丽多姿。为了适应新形势，国际竞赛规则关于服装的规定，有了很大的修改，主要规定是运动衫的主体颜色不能是比赛用球的颜色，对号码簿、公告、标记等尺寸做出了严格的规定。

几十年来，乒乓球比赛使用的器材、球台、球网、挡板、计分桌都是一片墨绿色，色调单一、古板、沉闷，甚至会给运动员带来一份无形的压抑。从 20 世纪 90 年代至今，乒乓球比赛场地大为改观。球已经不是单一的白色，可以是黄色，也可以是橙色；球台，不仅有墨绿色，还有蓝色的；地板有本色的木制地板，也有暗红塑胶；新光源被普遍采用，灯光照度已大大提高，这些改变使比赛场地生动活跃，为乒乓球运动增色不少，大大提高了收视率，扩大了乒乓球这项体育运动在全球的影响力。

国际乒联的每一次规则变化，都对乒乓球运动的发展起到了积极的推动作用，小小的

乒乓球项目能被越来越多的人们喜爱，世界上参加乒乓球协会的会员国越来越多，都是和乒乓球运动的发展分不开的。因此说，规则变化的过程本身就是完善这个运动项目的过程。

思考题

1. 乒乓球的发展变化经历了怎样的过程？结合实际谈谈现今乒乓球的特点及其对打法的影响。
2. 乒乓球比赛为什么要限制时长？你认为现在还需要有这一规定吗？为什么？
3. 两面不同颜色的胶皮有什么作用？
4. 改变选手服装的原因是什么？

第四章　乒乓球器材与服装

本章提要

乒乓球器材在乒乓球项目中起着重要作用，是乒乓球运动员技战术打法风格形成的辅助设备，对乒乓球比赛成绩的获得有着重要影响。本章介绍了球与球拍的不同种类，球台与球网，场地规格与要求，鞋和服装的规定。在此基础上，对球拍的特性和使用方法做了较系统的阐述，对球拍的大小和质量、底板的材料、覆盖物的颜色、胶皮和海绵的材质种类等做了介绍。

学习目标

1. 了解乒乓球器材中球与球拍的种类与功能、球台与球网的规格、场地规格与要求、鞋和服装的规定。

2. 掌握国际乒联在乒乓球器材、服装等方面制定的相关规定。

3. 掌握球与球拍的种类与功能，以及不同球与球拍对乒乓球运动员技战术打法起到的作用。

第一节　球与球拍

一、球

乒乓球应用赛璐珞或类似的塑料制成，呈白色或橙色，且无光泽。现行的乒乓球主要由两种材料制成，一种是赛璐珞，一种是非赛璐珞。对于赛璐珞材料制成的空心圆球体的规格要求是：直径 40 毫米，重 2.7 克，球体上应有“40”的字样(图 4-1)。另一种性能与赛璐珞相似的新材料球(聚酯纤维塑料等材料)的规格要求是：直径 40～40.6 毫米，重 2.7 克，此类球球体上应印刷有“40＋”字样(图 4-2)。

国际乒联将球的级别用星数来表示，分一、二、三星球，级别最高为三星。可根据训练和比赛选择用球。

图 4-1 赛璐珞材质乒乓球

图 4-2 塑料材质乒乓球

由于赛璐珞材料具有不稳定性和易燃性，故从 2014 年 7 月 1 日起，国际乒联全面启用以高分子聚合物为原料的塑料球。自此，使用了长达一百二十年之久的赛璐珞球逐渐退出历史舞台。国际乒联也一直鼓励各器材供应商大胆创新，开发新的材料。在国际乒联竞赛规则中，对乒乓球的材料也没有硬性规定，旨在鼓励制造商自由尝试。当然，运用新材料制成的乒乓球，应至少具有与赛璐珞材料一样良好的品质和性能，除了正常的老化，新材料制成的乒乓球必须能够保证在赛前、赛中与赛后的正常使用，且应尽力避免永久凹陷、应力发白以及明显的使用痕迹。

二、球拍

乒乓球拍是进行乒乓球运动的必备品，由底板、海绵、胶皮组成，使用无机胶水将它们黏合在一起。随着科技的飞速发展，各种不同性能的底板、胶皮层出不穷，一些优秀的乒乓球运动员都有私人定制的底板与胶皮。

乒乓球拍的种类有很多，从黏合来看，主要分为海绵拍和胶皮拍，海绵拍黏合的层次为底板、海绵、胶皮，为目前的主流类型；胶皮拍黏合的层次为底板、胶皮，此类型在 20 世纪七八十年代或更早时期较为盛行，目前已几乎无人使用。从握法上来看，主要分为直拍和横拍，直拍又称为竖拍。

国际乒联对乒乓球拍有很多相关的要求，这些要求主要体现在球拍的大小和质量、底板的材料、覆盖物的颜色、胶皮和海绵的种类等。

(一) 底板

乒乓球底板是乒乓球拍最重要的组成部分。根据国际乒联竞赛规则，乒乓球底板的大小、形状和质量不限，但底板应平整、坚硬，且至少应有 85% 的天然木材。加强底板的黏合层可用诸如碳纤维、玻璃纤维或压缩纸等纤维材料，每层黏合层不得超过底板总厚度的 7.5% 或 0.35 毫米。

乒乓球底板的分类较多，运动员可根据自己的打法类型选择合适的底板，以达到事半功倍的效果。如以木制材料的构成上来看，可分为一层木质底板和多层木质底板两种。根据底板层数，多层木质底板主要有 5 层板、7 层板、9 层板等；根据底板类型，可分为全能型、进攻型、防守型；根据材质，可分为纯木、碳素或者其他材质等(图 4-3)。

(二) 海绵

海绵是一种微孔橡胶制品，经过发泡工艺而产生的无数个密闭小孔布满其内，主要有厚薄、软硬之分，不同品牌的海绵还会因颜色的差别在性能方面有细微的区别(图 4-4)。在 20 世纪中后期，海绵与胶皮多为独立的两样产品，运动员须自行将其粘在一起。从 20 世纪 90 年代开始，各器材供应商逐渐将海绵与胶皮粘在一起进行售卖，即所谓的“套胶”。

图 4-3　乒乓球底板

图 4-4　乒乓球海绵

(三) 胶皮

胶皮主要分为五大类：反胶、正胶、生胶、长胶和防弧胶皮等。

1. 反胶

反胶是胶皮粒向内粘贴的胶皮，其特点是击球旋转力强、击球稳定、易控制，适合弧圈型或弧圈结合快攻型打法。由于击球稳定，控球好，因此也是初学者首选的类型。对于专业选手而言，又有多种不同性能的反胶海绵拍供选择，如胶皮黏性强、配套的海绵软而厚，因而有很好的“咬”球及“裹”球特性的球拍。反胶海绵胶皮是直、横拍选手目前最常用的胶皮，几乎 100%的欧洲选手均采用此种胶皮，亚洲也有近 80%的选手使用，因为这种胶皮比较好地兼顾了速度与旋转的要求(图 4-5)。

2. 正胶

正胶是胶皮粒向外粘贴的胶皮，也叫短颗粒胶皮，特点是弹性好、速度快、击球稳、不吃转，适合近台快攻，尤其是左推右攻型打法，是直板快攻型选手最常用的胶皮类型之一，过去庄则栋、李富荣、江嘉良，包括世界冠军刘国梁，都是采用这种类型的胶皮(图 4-6)。

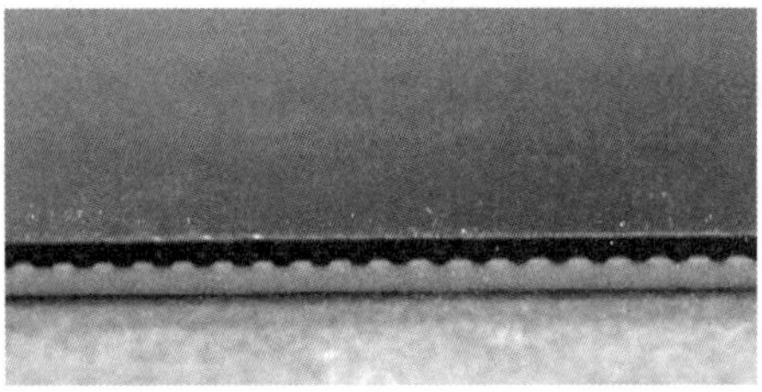

图 4-5　反胶

图 4-6　正胶

3. 生胶

生胶颗粒向外、反弹力强，出球速度快，摩擦力较小，性能介于正胶和长胶之间，制造旋转的能力比较差，其特点是击球下沉，搓球旋转弱。由于生胶有减转的作用，因此特别容易控制球。部分横拍两面攻和少数削球运动员，为求得击球的变化，采用了正手反胶（拉弧圈）和反手生胶（快拨及摆短）的搭配方法。世界冠军王涛及著名选手陈静、耿丽娟等都采用反手生胶的打法，韩国及朝鲜女选手使用得也较为广泛（图 4-7）。

4. 长胶

长胶胶皮颗粒长且柔软，韧性较好，胶粒高度一般在 1.5～2 毫米，是我国在 20 世纪 60 年代发明的，通常用于削球打法，经常使用在直拍反手面和横拍反手面。长胶比普通胶皮难控制，击球速度也不快，主要依靠旋转强或冲击力大的来球，增加回球的旋转强度；来球旋转弱或冲击力小，回球旋转也弱。当年张燮林用这种胶皮削出变幻莫测的球，被称为“乒坛魔术师”。这是因为这种胶皮在拍面会产生反常的旋转现象，典型的变化是：对方搓来的下旋球，己方用长胶对搓时，将以上旋飞回；对方攻来的上旋球，己方用长胶推挡后以下旋飞回；用削球回击对方拉来的弧圈球时球会更旋，而回削一般拉球时回球则不旋。这些反常的变化常令对方失误或回出高球，对付不熟悉长胶性能的人，打这种球常可轻易取胜。但用这种胶皮打球，不但对方失误多，己方也不易掌握，大大降低了乒乓球的观赏性和娱乐性。1998 年 5 月，国际乒联在南非德班市召开理事会，以 19 票对 18 票，做出关于禁止使用长胶的决定，并对正胶做出高度与直径之比不得大于 1∶1 的规定。中国乒协早已明文规定少年比赛一律不得使用长胶（图 4-8）。

图 4-7　生胶

图 4-8　长胶

5. 防弧胶皮

专门对付弧圈球的还有一种叫“防弧胶皮”的反胶海绵胶皮，这种胶皮拍面无黏性，表面较光滑且轻微发涩，特点是主动进攻时回球较沉，击出的球运行速度较慢、弧线较短，着台后下沉飘忽，令对手难以按常规判断，有利于消除弧圈球的强烈上旋。有些运动员常把它与反胶配在一起，用旋转和速度的变化来影响对手，以取得出其不意的效果。这种打法曾出过蔡振华和林志刚两位世界冠军。随着乒乓球运动的发展，在专业运动员中已无防弧胶皮打法，在业余选手中也是寥寥无几(图 4-9)。

图 4-9　防弧胶皮

在上述各种乒乓球拍面覆盖物中，除了注意胶皮特性的选择外，还应注意海绵的选择，即注意海绵的厚与薄、硬与软。一般来说，厚海绵吃球较深，咬球时间较长，击出的球后劲较足，在拉球时特点更明显；相反，薄海绵吃球时间短，击球快、控球好，但球的后劲不足，不易把对手打死。至于硬海绵则有咬球时间短、球速快的特点，适合快攻的打法；而软海绵则球速逊色些，但控制球较佳，一般人打起来比较顺手，也打得比较稳。

第二节　球台与球网装置

一、球台

乒乓球的台面一般用木材制成，也可以用其他材料。但不论任何材料，其弹性标准是一致的，即标准球从 30 厘米的高处落至台面时，弹起的高度约为 23 厘米(图 4-10)。

比赛台面：球台的上层表面称为“比赛台面”，应为与水平面平行的长方形，台面长 274 厘米，宽 152.5 厘米，离地面高 76 厘米。

图 4-10　球台

端线：台面两端长 152.5 厘米、宽 2 厘米的白线称为“端线”。

边线：台面两侧长 274 厘米、宽 2 厘米的白线称为“边线”。

中线：台面正中、与边线平行的、宽 3 毫米的白线称为“中线”。

台区：台面被平行于端线的球网分开，划为两个大小相等的“台区”。

二、球网装置

球网装置包括球网、悬网绳、网柱及将它们固定在球台上的夹钳部分。球网的长度为 183 厘米，应悬挂在一根绳子上，绳子两端系在高 15.25 厘米的直立网柱上，网柱外缘离开边线外缘的距离为 15.25 厘米(图 4-11)。

球网的底边应尽量贴近比赛台面，其两端应尽量贴近网柱。球网的颜色与使用的球台颜色是一致的，为墨绿色或深蓝色，球网的上沿为白色。

图 4-11　球网装置

第三节　场　　地

一、场地规格

正规比赛场地应为不少于 14 米长、7 米宽的长方形，高度为 5 米，四周可用不超过 1.5 米的挡板围起，与相邻的比赛场地及观众隔开(图 4-12)。

二、地板

地板不能颜色太浅或反光强烈或打滑，而且表面不得为砖、陶瓷、水泥或石头；在国际比赛中，地板应为木制或国际乒联批准的某品牌和种类的可移动的合成材料。颜色没有固定要求，只要不影响正常比赛即可。常见的有红色、蓝色塑胶地板等。

图 4-12 乒乓球场地

三、挡板

挡板为长方形，比赛区域可由长度不超过1.5米的同一深色挡板围起，与相邻的比赛区域及观众隔开（图 4-13）。一般由金属材质的框架支撑，由较轻的防弹纤维布或泡沫板将框架包围起来。挡板应轻便稳妥，在运动员冲撞挡板时不致受伤。

图 4-13 乒乓球挡板

四、灯光

在大型世界赛事中，从比赛台面高度测得的照明度不得低于 1 000 lx，且整个比赛台面照度均匀，赛区其他地方的照明度不得低于 500 lx；其他比赛中，比赛台面的照明度不得低于 600 lx，且整个比赛台面照度均匀，赛区其他地方的照明度不得低于 400 lx。使用多张球台时照明水平应一致，比赛大厅的背景照明不得高于比赛区域的最低照明度。光源距离地面不得少于 5 米。场地四周一般应为暗色，不应有明亮光源或从未加遮盖窗户等透过的日光。

五、温度

乒乓球比赛场地的温度一般为 20～25 ℃，或低于室外温度 5 ℃，任何空调设备都不允许产生气流。

六、风速

由于乒乓球球体较轻，气流会使球飘动，从而影响到运动员对球的控制，所以乒乓球比赛区域内一般不能有风，至少是人体不能感觉到有风。

第四节 胶　水

胶水可以分为有机胶水与无机胶水两种。

一、有机胶水

有机胶水，其主要配方是天然橡胶＋有机溶剂（有些还会加少量的合成橡胶），具有较低的熔、沸点，在常温下比较容易挥发。橡胶粉溶于溶剂，溶剂挥发后橡胶就把两个黏合面连接起来。由于相似相溶原理，含有机物的胶水可以渗透到球拍的海绵里充起气泡，让海绵迅速膨胀，增加击球后的速度。但这种胶水易挥发，产生有毒气体，对运动员的身体产生负面影响。所以在乒乓球比赛前，会有一个专门贴球拍的地方。

二、无机胶水

无机胶水（水溶性胶水），其溶剂中不含或含较少有机化学成分，防水防潮，无毒环保，可以保证人体健康。由于其是将橡胶颗粒打散在水中而配制，不能很好融进球拍的海绵中，海绵的膨胀度减小，使胶皮的弹性减小。从而减少击球后的旋转和速度。

有机胶水和无机胶水的鉴别方法非常简单，二者的最大区别在于是否有毒，有机胶水气味刺鼻，无机胶水没有气味。

2008 年 9 月 1 日起，国际乒联开始要求运动员使用更环保、更健康、更绿色的无机胶水。有机胶水很有“魔力”，运动员在比赛之前，往往都要在自己的球拍上刷 2～3 层有机胶水，这样能让球拍的海绵充分膨胀发挥其弹性，使得运动员击出的球速度更快、力量更大、旋转也更加强烈。而在换了胶水之后，弹性变小了，力量也相对变小，因此球速会减慢，旋转也会削弱，双方较量的回合自然也多了起来，这样就增加了乒乓球的观赏性。

2009 年 4 月 28 日，日本横滨第五十届世乒赛单项赛正式使用无机胶水，此后，国际乒坛正式进入“无机胶水”时代。

第五节 鞋和服装

一、鞋

乒乓球运动跑动的范围虽不及足球和篮球，但是频繁的启动、急停、转向，对打球者的要求并不低，如果没有一双合适的运动鞋，常会引起脚踝扭伤。而且，乒乓球运动有其自身的特点，即横向平移和急转比较多，因此最好选择一双专业的乒乓球运动鞋（图 4-14）。

二、服装

正式比赛时，服装一般包括短袖、短裤或短裙。其他服装，如半套或全套运动服，不得在比赛时穿着，得到裁判长的允许时除外。服装的颜色没有硬性规定，但是服装的主要色彩不能与球的颜色相同或相似，也就是说，使用白色的球比赛时，衣服的边缘为白色不要紧，但主色彩不能为白色；使用橙色或黄色的球时，服装的主色不能为橙色或黄色。比赛双方服装颜色不能一样。图 4-15 为中国乒乓球队的队服。

图 4-14　运动鞋

图 4-15　中国乒乓球队服装

同队的双打运动员，服装必须统一；而两队或双方运动员所穿短袖或运动衫类似时，应要求其中一方更换服装(由双方协商解决，如均不愿意更换，则由裁判员抽签决定某一方必须更换)。

思考题

1. 胶皮有几个种类？如何区别不同种类的胶皮？简述不同胶皮的特点与作用。

2. 简述国际乒联对比赛服装的规定。

3. 简述在乒乓球项目发展史中，国际乒联对乒乓球共做了几次改革？每次改革对乒乓球技战术发展产生了哪些影响？

第五章　乒乓球基本理论

本章提要

掌握乒乓球基本理论对提高乒乓球技能有着重要作用，能够帮助运动员了解乒乓球项目的基本规律与内在联系。本章主要介绍了乒乓球常用术语的定义与构成，乒乓球的旋转、速度、力量、落点与弧线这五大要素的作用以及五大要素之间的内在联系，乒乓球击球的基本环节与动作结构，乒乓球不同类型打法的发展概况、技术特点与技术体系等内容。

学习目标

1. 掌握乒乓球常用术语。
2. 了解击球的基本环节与动作结构。
3. 了解不同类型打法的技术特点。
4. 掌握构成乒乓球五大要素之间的内在联系。
5. 掌握如何运用五大要素提高乒乓球技战术能力。

第一节　乒乓球常用术语

一、站位与击球距离

站位：运动员开始击球前站立的位置。根据运动员所站立的位置与球台端线之间的距离，可将站位划分为近台、中台、远台、中近台和中远台（图 5-1）。

近台：距离端线 50 厘米以内的范围。

中台；距离端线 70～100 厘米的范围。

远台：距离端线 150 厘米以外的范围。

中近台：介于中台与近台之间。

中远台：介于中台与远台之间。

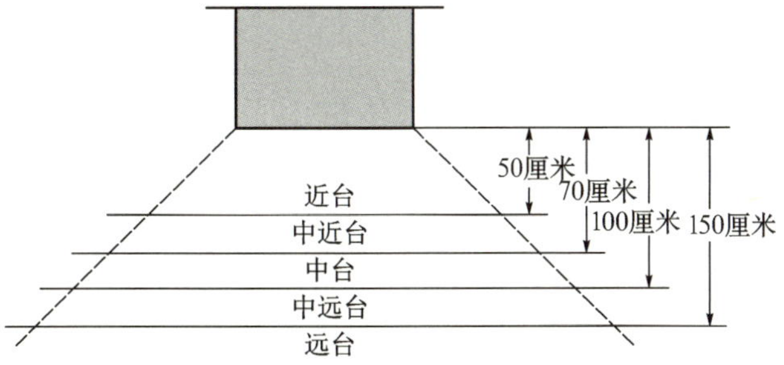

图 5-1　乒乓球站位划分

二、击球范围(图 5-2)

半台：中线将每个台区分为左、右两个“半台”(其左、右方位依击球方而定)。半台又称为“1/2 台”。

1/3 台：台区左侧 1/3 部分称为“左 1/3 台”;台区右侧 1/3 部分称为“右 1/3 台”。

2/3 台：台区左侧 2/3 部分称为“左 2/3 台”;台区右侧 2/3 部分称为“右 2/3 台”。

三、击球线路

击球点与落点之间连接线的投影线叫“击球线路”,在乒乓球台上,有 5 条基本的击球线路,即右方斜线、右方直线、左方斜线、左方直线和中路直线(图 5-3)。击球线路的方位依击球者而定。以右手执拍为例：右方斜线、直线即正手斜线、直线;左方斜线、直线即反手斜线、直线。

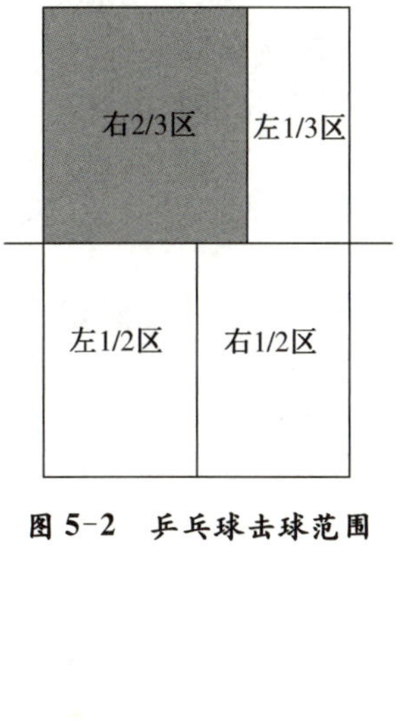

图 5-2　乒乓球击球范围

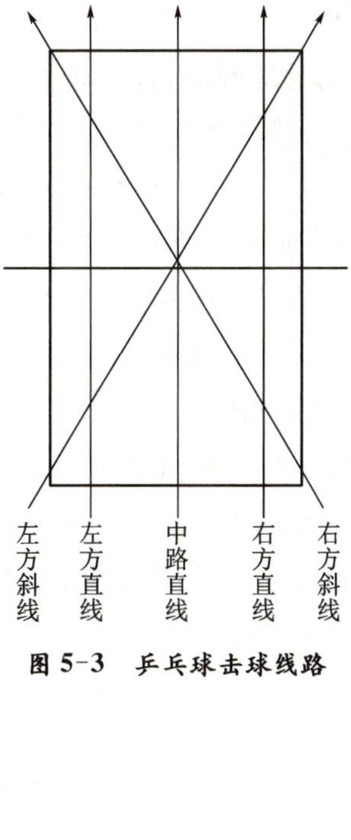

图 5-3　乒乓球击球线路

四、击球时间

击球时间是指击球时球拍触球的瞬间，球体在空间所处的时期。来球从着台点反弹跳起至回落到地面的整个过程，可分为上升前期、上升后期、高点期、下降前期和下降后期五个时期（图 5-4）。

上升前期：指球从台面反弹刚上升的阶段。

上升后期：指球从上升前期末到接近最高点的阶段。

高点期：指球从上升后期到达最高点这一阶段。

下降前期：指球从高点期开始下降的最初阶段。

下降后期：指球下降前期末到接近地面之前这一阶段。

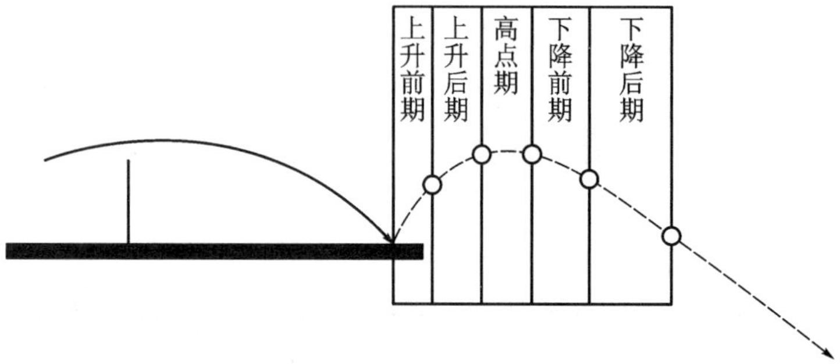

图 5-4　乒乓球击球时间

五、击球部位

击球部位是指触球瞬间，球拍击在球体上的位置。击球部位的划分，可以以击球员为准，先将一个球分为 4 个面，即：前面（很少击球至此面）；后面（最常见的击球面）；左侧面（如发左侧旋球时，多触球在此面）；右侧面（如正手发奔球时，多触球在此面）。以上的每一面，又可按钟表的一半刻度划分为 5 个部位（图 5-5）。

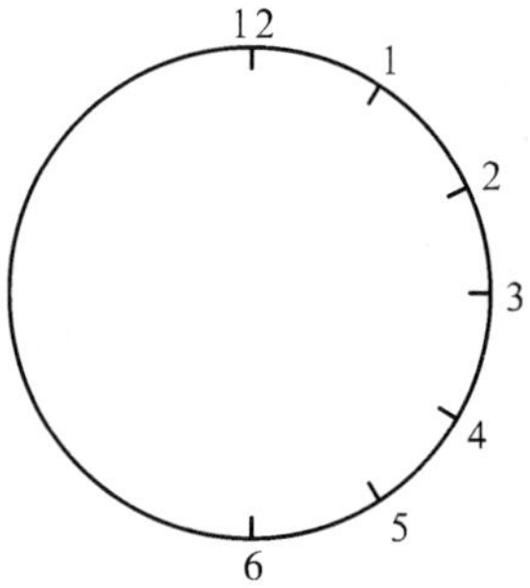

图 5-5　乒乓球击球部位

上部：接近 12 的部位。

中上部：接近 1～2 中间的部位。

中部：接近 3 的部位。

中下部：接近 4～5 中间的部位。

下部：接近 6 的部位。

六、拍形

拍形是指击球时拍面所处的角度和方向(图 5-6)。

1. 拍面角度

击球时,击球拍面与水平面所形成的夹角叫"拍面角度"。拍面角度大于 90°时,称为"后仰";拍面角度小于 90°时,称为"前倾"。

击球时的拍面角度,按其击球部位的不同可分为:

拍面前倾——击球的上中部。

拍面垂直——击球的中部。

拍面后仰——击球的中下部。

拍面向上——击球的下部。

2. 拍面方向

击球者面向球网站立,击球时拍面所朝向的方位叫"拍面方向"。拍面向左时击球的右侧,拍面向右时击球的右侧。

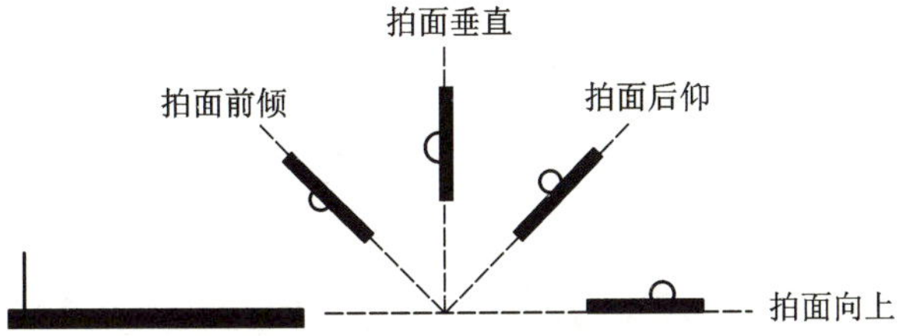

图 5-6 乒乓球击球拍形

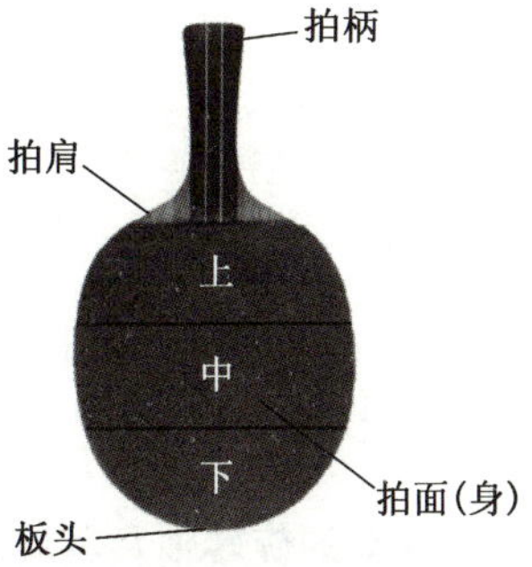

图 5-7 乒乓球触拍部位划分

七、触拍部位

触拍部位是指击球瞬间,球体触及在球拍上面的位置。一个球拍可分为拍柄、拍肩和拍身三个部分,将球拍水平放置,可分为上、中、下三部分;距离拍柄最远端称为板头(图 5-7)。

八、击球点

击球点是指击球时,球拍与球体相接触那一点的空间位置。击球点的位置是相对于击球者身体而确定的,主要包括三个方面的内容:一是击球点相对身体的前后位置;二是击球点相对身体的左右位置;三是击球点相对身体的高低位置。

九、短球、半出台、长球与追身球(图 5-8)

短球：落点在近网区内(距球网 40 厘米以内)，且反弹后第二跳仍在球台上的球。

半出台：落点在近网区与中区之间，此位置无论台内抢攻或者拉冲都较不合适。

长球：落点在底线区，距离端线 30 厘米以内区域的球。

追身球：来球贴近击球者的躯干，主要集中在击球者身前区域，使击球者回球时不能做出完整的动作。

图 5-8　乒乓球台面区域划分

第二节　乒乓球五大要素

乒乓球技术水平的高低，通过球的旋转、速度、力量、落点和弧线这五大要素来衡量。

一、旋转

旋转是乒乓球运动中一个十分重要的技术因素。乒乓球的旋转变化较复杂，是所有球类项目中旋转种类最多、技术最为细腻的一项运动。击球时作用力不通过球心是乒乓球产生旋转的基本原因。

(一) 基本的旋转轴及其旋转

乒乓球本身是一个无固定旋转轴的物体，但当球旋转时便会自然呈现出一条通过球心的旋转轴来。击球时，击球部位和用力方向的不同，可以使球产生多种多样的旋转，形成各式各类的旋转轴。但是，无论球的旋转怎样繁多，转轴如何复杂，它始终是围绕着三条基本转轴而变化的，归纳起来有以下几类旋转：左右轴(横轴)产生上、下旋；上下轴(竖轴)产生左、右侧旋，前后轴(纵轴)产生顺、逆旋(图 5-9)。

1. 左右轴(横轴)：通过球心与击球线路相垂直的轴。从击球者方位看，球绕此轴顺时针旋转为上旋球，逆时针旋转为下旋球。

2. 上下轴(竖轴)：通过球心与台面相垂直的轴。从击球者方位看，球绕此轴顺时针旋转为左侧旋球，逆时针旋转为右侧旋球。

3. 前后轴(纵轴)：通过球心和击球线路相平行的轴。从击球者方位看，球绕此轴按顺时针方向旋转为顺旋球，按逆时针方向旋转为逆旋球。

各种旋转球的基本特性见表 5-1。

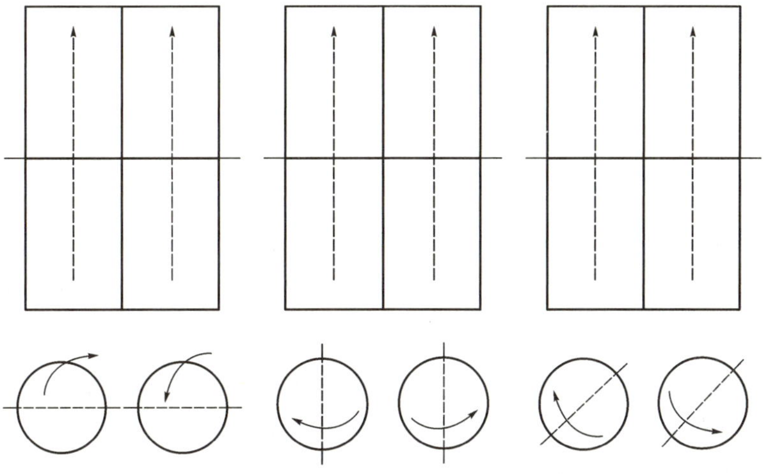

图 5-9　乒乓球旋转轴及对应旋转球

表 5-1　各种旋转球的基本特性

旋转轴类别	左右轴（横轴）		上下轴（竖轴）	
旋转类型	上旋	下旋	左侧旋	右侧旋
空中飞行情况	弧线弯，曲度大	弧线弯，曲度小	向右偏拐，曲度大	向左偏拐，曲度大
落台反弹情况	向前飞	前进力弱	变化不大	变化不大
平挡后情况	向上飞	向下掉	向左飞	向右飞

在乒乓球比赛和练习中，纯粹的不转球和典型的基本旋转球是极其少见的，绝大多数的球都是绕三条基本旋转轴的偏斜轴而转动的混合旋转球（混旋球）。

（二）增强球的旋转的方法

1. 击球时球拍给球的作用力远离球心，保持较长的力臂，即球拍给球的侧方用力应大于正面用力。

2. 加大挥拍击球时切、搓、削、拉、蹭球的作用力，上述技术动作符合使作用力远离球心和摩擦球的原理。

3. 摩擦球时，必须加快摆速，并把力量集中击到球上。

4. 适当利用对方来球的速度，合理借用来球的旋转。

5. 利用向内的摆动弧线摩擦击球，可以使球拍与球之间的摩擦时间增长，有利于加大球的旋转。

6. 增加球拍覆盖物的摩擦系数，如使用反胶则比正胶更“咬”得住球。

7. 充分发挥前臂和手腕的快速收缩作用。

二、速度

速度在乒乓球运动中具有十分重要的地位。我国传统打法近台快攻，就是突出一个"快"字，以速度争取主动，制造扣杀机会，战胜对手。

（一）速度的划分

乒乓球运动中的速度是指从对方来球落到我方台面始，到弹起被我方球拍回击后又落到对方台面止，这一过程所用的时间。具体来说，是由两个时间决定的——来球第二弧线时间和击球第一弧线时间（图 5-10）。

来球第二弧线时间——从对方来球落至本方台面始，到弹起被球拍所击为止的这段时间。中国快攻运动员的速度快，很重要的一个原因就是这段时间短。因此，尽可能提早击球的时间，就成为提高乒乓球速度的一个重要条件。

击球第一弧线时间——从球被击离拍至落到对方台面为止的这段时间。在飞行弧度长度一定的情况下，球的飞行速度越快，球在空中飞行的时间越短；反之则长。在球的飞行速度相同的情况下，飞行弧线越短，球在空中飞行的时间越短；反之则长。

欲加快击球的速度，必须使"来球第二弧线的弹起时间"和"击球第一弧线的飞行时间"都短，而只是其中一个时间短是不行的。

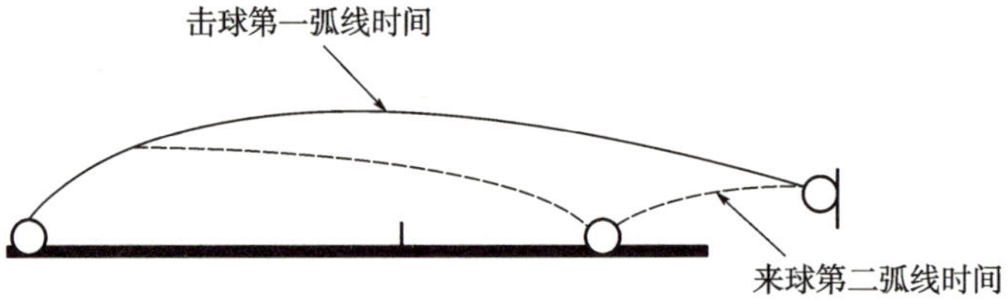

图 5-10　来球和击球弧线时间示意图

（二）提高击球速度的方法

提高击球速度，从理论上讲，就是缩短来球第二弧线时间与击球第一弧线时间。在技术上应注意以下几点：

1. 站位近台，提早击球时间。

2. 击球时，在身体重心的带动下，充分发挥前臂、手腕和手指的作用，加快挥拍速度，借力与发力相结合。

3. 击球动作多向前用力，以降低球在空中飞行弧线的高度，缩短第一弧线的飞行时间。

4. 适当减小动作幅度：引拍动作小、快、有力，触球瞬间发力集中，发挥出最大的爆发力，击球后迅速制动、快速还原，整个动作干脆有力。有些运动员片面强调站位近台，减小动作幅度，却忽视了同时增加击球动作的爆发力，以致造成快而无力的弊病。

5. 这里需要说明的一点是，一种击球动作有它一定的运用范围，此处所说的是为了提高击球速度的快攻动作。如果是扣杀技术，动作幅度当然应加大，要用全身之力重击。

6. 触球瞬间球出手要快。

7. 快速的反应和灵活的步法。

三、力量

在乒乓球运动中，力量的大小，取决于击球质量的高低和加速度的快慢。鉴于乒乓球运动的特点，运动员的体重、球和球拍的质量相对是比较固定的，因此，击球力量的大小，主要是由手臂挥拍的击球幅度、身体其他部位的配合和它们的加速度大小来决定的。力量是产生加速度的基础，挥拍击球时的力量越大，加速度就越大，球速也越快。增大击球力量，无论是对付弧圈球，还是转与不转的削球，都具有重大作用。

（一）击球力量大的好处

1. 向前飞行的球，只能在一定的速度范围内，人的肉眼才能看到。击球力量大，球向前飞行的速度快，人看不清疾飞中的球，就只能凭经验估计它的去向和时间了。所以，经验不足者，很容易判断失误。

2. 击球力量大，球速就快，这就迫使接球者必须动作迅速，否则，就来不及或难以回击来球。

3. 击球力量大，球对接球者球拍的作用力亦大，增加了接球的难度。

基于上述原因，击球力量大常可直接得分。

（二）增大击球力量的方法

加大击球的力量，从理论上讲，可从两方面考虑：一是讲究发力方法，触球瞬间的用力方向应接近或通过球心；二是加大挥拍击球瞬间整个施力物体的动量。动量是速度和质量的乘积，所以，这又可从两方面分析：

1. 加大触球瞬间的挥拍速度。不少人在讲加大击球力量时，习惯说增大挥拍的加速度，这其实是不确切的。举例说明：有甲、乙二人做发力攻球，甲挥拍的加速度为3米/秒，乙为2米/秒，但甲的加速时间为1秒，乙为2秒，二人皆从静止开始，至触球瞬间，甲的拍速为3米/秒，乙为4米/秒。很明显，在其他因素相同的情况下，乙的击球力量肯定比甲大。

2. 增大参加工作的肌肉质量，即让身体各部位尽量多地参加工作。脚、腿、髋、腰、臂、腕、手指等部位都要发力，并协调一致地用到击球上。这个道理很简单，举个生活中的例子：一辆卡车和一辆自行车，二者前进的速度相同，但当它们碰撞到物体时，显然卡车的力量要大得多，原因就是卡车的质量比自行车大。同理，如果触球瞬间挥拍的速度相同，谁参加工作的肌肉质量大，谁击球的力量就大。

加大击球力量应注意以下方面：

（1）注意脚、腿、髋、腰、臂、腕和手指力量的协调配合，尽力发挥全身的力量去击球。

（2）击球瞬间应有一个突然爆发力，使球拍达到最大的前挥速度。

（3）整个动作的用力方向应尽量统一向前，避免有相反方向的分力。

（4）合理的击球时间（一般为高点期）和击球点位置，有利于身体各部肌肉集中发挥出最大的力量。

（5）适当增加引拍距离，增加触球时的初始力量。

（6）发力前用力肌肉应适当拉长并放松，一次击球后，应迅速放松，注意动作的还原（或重心的调整），以利于下一板球的发力。

（7）遵循正确的发力顺序：脚、腿配合躯干带动上臂，上臂带动前臂，前臂带动手腕，以利于发挥各关节支点的加速作用。

（8）用球拍的适宜部位触球。一般为球拍中区略偏远端的部位。

（9）选用弹性大、海绵稍厚的球拍。球拍的质量以稍大些为好，但切不可太重，因为球拍太重就会影响手臂的摆速。

（10）重视体能训练，提高力量素质，并使之与技术密切结合。

四、落点

（一）落点及其相关的概念

球被击出后，落在对方台面上的点，叫作落点。

实践中，很难要求运动员击球到某一点上，而多是击球到一定的范围内，这一定的范围就叫作击球的区域。如近网球指击球落点距网40厘米以内的球；底线球指击球落点距球台端线30厘米以内的球；追身球指落点直逼向对方身体的球，特别是指击到对方持拍手一侧腋下方向的球。这些落点都不是指某一点，而是指特定的一个区域。

（二）好落点的范围

1. 一般的好落点，指近网、近边线、近端线和追身球。近年来，一些专业运动员经常提到“小三角”的概念。所谓的“小三角”的构成，一边为1/4球网（近边线侧），一边是半台内边线的1/2（近网），再加上二者的连线，半台范围内有两个“小三角”（图5-11）。实践证明，“小三角”是与外国选手比赛时的好落点（目前的中间近网短位置）。

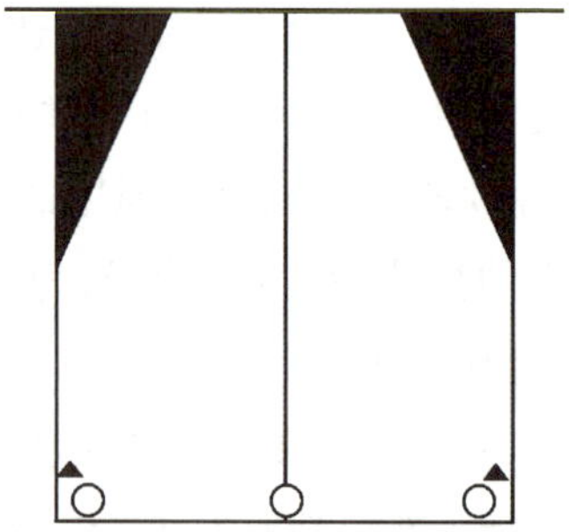

图5-11 击球落点示意图

（○现击球落点▲应增加落点◥“小三角”）

2. 对方技术上的缺点部位，包括对方技术上存在的明显缺点部位（如有人反手差、有人正手差）和打开走动后才形成的缺点（如不会反手攻的左推右攻者，站位近台时反手可推挡，但扑正手后，再回反手位往往形成漏洞的选手）。

3. 声东击西，或配合假动作，或根据对方的心理，你估计我打左，我实际打你右。

（三）击球落点的作用

1. 扩大对方的跑动范围，增加对方击球的技术难度。以往常用的击球落点一般只有靠近球台端线的三个或五个，随着技术的进步，现在的超一流运动员的击球落点变化能力非常高，落点分布范围也非常广，如长短球结合、逼大角度、交叉攻击左右大角度等。

2. 紧逼对方的弱点，限制对方特长技术的发挥，使其陷于被动甚至出现失误。

3. 攻击对方判断与移动的相反方向，使对方贻误最佳击球时间。

4. 击球落点是乒乓球战术的重要内容之一，可以这样说，乒乓球战术中，很少有与击球落点没有关系的。击球落点有一个大体的发展趋势：开始是以控制左半台为主；弧圈球技术发明后，又转到注意控制近网球；而后又发现了从右方突破的打法。从现在看，今后的发展趋势为：两大角的交叉调动与中路追身球的结合，长球与短球的结合。死打对方某一区域，将会越来越难以奏效，当然，如果对方在某一位置上存在明显的缺陷，那就应另当别论了。

（四）提高控制落点能力的方法

1. 规定击球区域练习法：根据训练目的和任务的要求，将台面划分为若干区域，规定击球必须打到专门的区域，在台面上放置击球目标的练习。

2. 在常规的正手对攻练习时，要求下一次击球落点打在上一个球的落点上；或有意识地打大角度。

3. 在摆速练习时，反手采用推或拨的陪练者在打对方反手时，要求击球落点必须在对方左脚的左边，距身体越远越好。

4. 削球选手在顶重板时，要求回球落点必须将对手调动开（对方在左方突击时，削球必须至对方右角；对方在右方突击时，削球必须至对方左角），不让对方在同一位置连续两次起重板。

五、弧线

（一）弧线的概念与组成

乒乓球弧线是指球被击出后在空中飞行的轨迹连线。乒乓球的飞行弧线，与击球的命中率和击球质量有着密切关系。当球拍将球击出后，球在空中飞行过程中，由于球本身的重力和空气阻力的原因，球的运行以一定的弧线形式表现出来。在一定高度的条件下，弧线越弯，命中范围越大，越易命中。但是，弧线如果过弯，又易造成被动挨打，因此造弯要适度。

在一次合法击球中，球的飞行弧线主要由两部分组成，即第一弧线和第二弧线（图5-12）。第一弧线（亦称出手弧线）指球被球拍击出后，到落在对方台面为止的飞行轨迹连线。第二弧线（亦称反弹弧线）指球从对方台面弹起直至碰到其他物体（如球拍、地面等）为止的飞行轨迹连线。

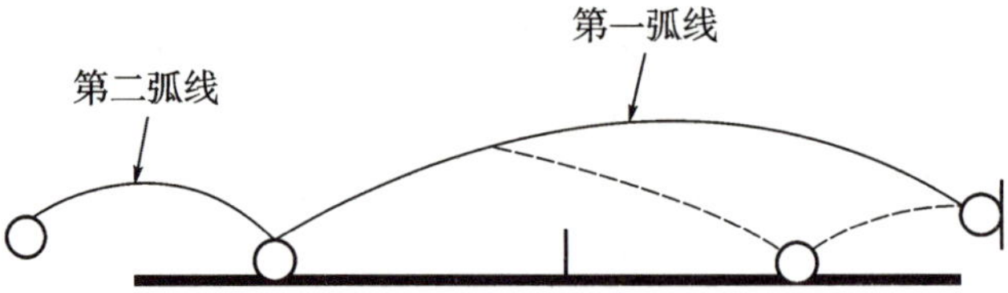

图 5-12　乒乓球击球弧线

在一次合法发球中，球的飞行弧线主要由三部分组成，即发球出手弧线、第一反弹弧线和第二反弹弧线（图 5-13）。发球出手弧线是球从发球员球拍的触球点，到其在本方台面的落点的飞行轨迹连线。第一反弹弧线是指球从发球方台面弹起至落在接发球方台面为止的飞行弧线。第二反弹弧线是球从接发球方台面弹起至碰到其他物体（如球拍、地面等）为止的飞行弧线。

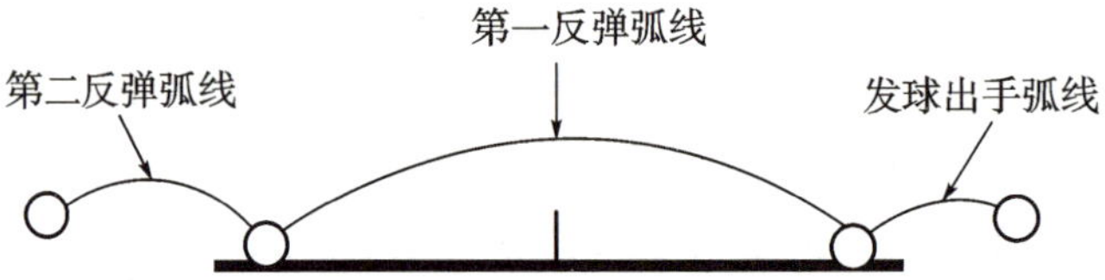

图 5-13　乒乓球发球弧线

（二）影响弧线的因素

影响乒乓球飞行弧线的因素有以下方面：

1. 球的出手角度：指球被击离球拍时与水平面所形成的角度，在其他因素不变的条件下，在 45°以内，球出手角度越大，弧高越高，打出距离也越长。球的出手角度由击球瞬间的拍面角度和用力方向决定。

2. 球出手时的初速度：若球的出手角度相同，球出手时的初速度越快，弧高越高，打出距离也越长。

3. 球的旋转：上旋可增加第一弧线的弯曲度，增大第二弧线的飞行速度，减小第二弧线的高度。下旋可减小第一弧线的弯曲度，缩短第二弧线的弹出距离，增加弹起弧线的高度。左侧旋可使球的第一与第二弧线皆向右拐，右侧旋可使第一与第二弧线皆向左拐。

（三）打不同距离、不同高度的球对弧线的要求（图 5-14）

1. 打离网近而低的球，要适当提高弧线的曲度，缩短打出距离。

2. 打离网远而低的球，也要适当提高弧线的曲度，同时增加打出球的距离。

3. 打离网近而高的球，对弧线要求不大，只是打出的距离不宜过长。

4. 打离网远而高的球，要适当提高弧线曲度，打出距离要长。

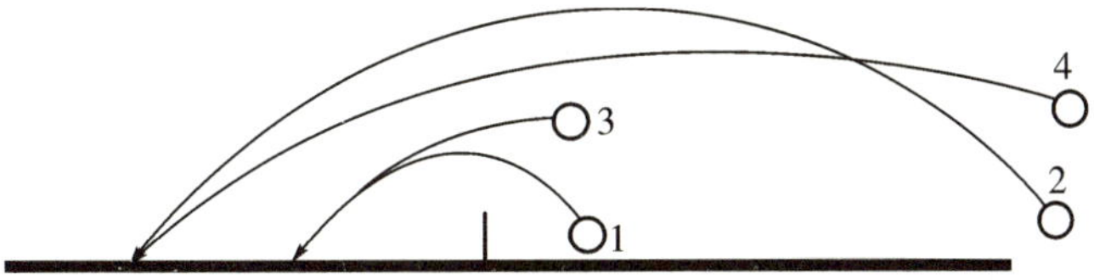

图 5-14　不同距离、不同高度的击球弧线

(四) 打不同旋转的球对弧线的要求

1. 打上旋球要压低(即减小)弧线的曲度,缩短打出距离,才能产生合适的弧线。压低曲度的程度应视来球的旋转程度而定,上旋越强,越要压低弧线的曲度,以免球触拍后向上反弹出界或出高球。

2. 打下旋球与打上旋球相反,应适当提高弧线的曲度才能产生合适的弧线。下旋越强,提高弧线曲度就应越大,以免球触拍后向下反弹而下网。

3. 还击左(右)侧旋球时,来球旋转越强,越要注意相应地向左(右)调整拍面方向,避免回球从右(左)侧边线出界。

(五) 不同击球时间对弧线的要求(图 5-15)

1. 上升期击球,因球有较强的反弹力,故制造弧线曲度不宜过大,打出距离要短。

2. 高点期击球,因击球点接近网高或稍高于网,所以有一定的弧线曲度即可,但应注意缩短打出距离。

3. 下降期击球。因击球点低于网高,必须注意加大弧线曲度,适当增长打出球的距离。

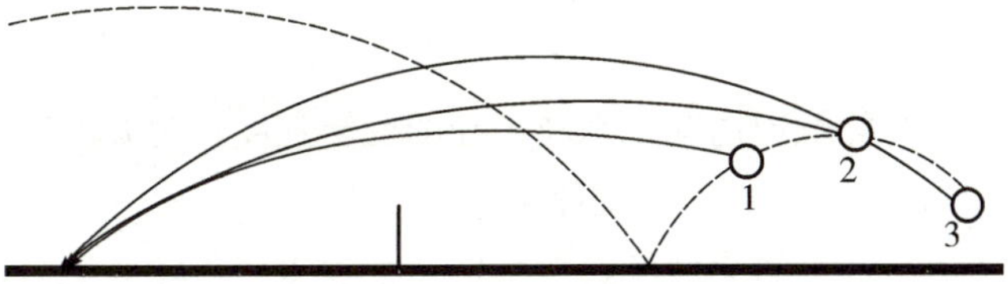

图 5-15　不同击球时间的弧线

第三节　乒乓球击球的基本环节与动作结构

一、击球的基本环节

判断、移位、击球、还原是乒乓球击球过程的基本结构。

（一）判断

判断来球是决定脚步移动的方向和还击方法的依据，它包括判断来球的路线（斜线或是直线），旋转性质（上下旋、左右侧旋），旋转强弱，速度快慢以及落点的远近，这就要求运动员有很强的盯球意识。

1. 判断来球的路线

（1）根据对方击球时的拍面方向判断来球的路线。例如：对方站在球台右角击球，球拍触球时拍面对己方的右角，来球一般是斜线球；拍面正对己方的左角，则是直线球。

（2）根据球通过球网时的位置判断来球的路线。例如：对方站在球台左角击球，球从网的中间越过，来球一般是斜线球；球从球网的左边越过，则是直线球。

2. 判断来球的旋转性质

（1）根据对方击球时球拍挥动的方向判断来球的旋转性质。一般来说，对方由下（上）向上（下）挥拍击球为上（下）旋球；由左（右）向右（左）挥拍击球为右（左）侧旋球；由左上（右上）向右下（左下）挥拍击球为右（左）侧下旋球；由左下（右下）向右上（左上）挥拍击球为右（左）侧上旋球。

（2）根据球的飞行情况和着台反弹情况判断来球的旋转性质。呈上旋状的球在空中飞行时，前段慢，后段快，着台反弹冲力大；呈下旋状的球在空中飞行时，前段快，后段慢，着台反弹冲力小。旋转越强，以上现象越明显。下旋越强，球着台后有时还会出现回跳现象。

3. 判断来球的旋转强弱、速度快慢、落点远近

（1）根据对方挥拍击球时动作幅度的大小和挥拍速度的快慢判断来球的速度、落点和旋转强度。一般来说，对方挥拍击球时的动作幅度大，挥拍速度快，则击球的力量大，来球的旋转强、速度快、落点远；反之，则击球的力量小，来球的旋转弱、速度慢、落点近。

（2）根据对方击球时的触球情况来判断来球的旋转强度。对方击球时摩擦多，撞击少，则来球旋转较强；若撞击多，摩擦少，则来球旋转较弱。

（3）根据球的飞行弧线判断来球的落点远近。来球飞行弧线的最高点若在对方台区上空，则落点距网较近；若在本方台区上空，则落点离网较远。

（二）移位

移位（或称选位）的目的主要在于抢占有利的击球位置。由于乒乓球的速度较快，变化较复杂，还击方法较多，因而在完成移位时反应要快，判断要准，确定还击方法要果断，起动要及时，步法与手法的配合要协调。

在还击过程中，移位具有重要意义。移位好，能够迅速抢占有利的击球位置，提高回球的命中率和击球质量；反之，便难以占据有利的击球位置，被迫勉强击球，必然破坏正确的击球动作，影响回球的命中率和击球质量。尤其是对于初学打球的少年儿童，要特别注意加强移位能力的培养和训练。

（三）击球

击球是基本环节中的中心环节。击球时，应根据对方的回球情况和自己的打法特点来确定最佳还击方法。在击球过程中，要特别注意把握好击球动作、击球点、击球距离、击球部位、触拍部位、用力方向和力量的运用。

（四）还原

每次击球后都必须迅速还原，及时回复击球前的基本姿势和基本站位，做好再次击球的准备。及时地还原是连续击球的重要保证。

基本姿势的还原主要包括身体重心的还原和执拍手动作的还原，这是每次击球后必不可少的。还原身体重心的意识要特别强，击球一经结束，承受重心的腿就应该立即还原。执拍手动作的还原，应注意击球后的迅速放松和还原动作的简捷实用。

基本站位的还原须尽力做到，尽管它在快速激烈的乒乓球对抗中有着相当大的难度。这里需要指出的是，基本站位是指一个范围，不能简单地把它视为固定一点。在乒乓球比赛或练习中，双方的击球位置和战术运用总是在不断地发生变化，因而其基本站位也绝不会一成不变。所以，在教学和训练中，应正确理解和灵活处理基本站位的还原。

二、击球的动作结构

根据击球的时间顺序可将乒乓球击球动作结构划分为击球前、击球时和击球后。击球前包括选位、引拍和迎球挥拍；击球时主要为球拍触球阶段；击球后可划分为随势挥拍和还原放松。

（一）击球前

1. 选位

击球位置选择正确与否，直接影响着击球效果。击球位置是根据对方来球的落点、旋转性质及本方准备采用的还击方法来确定的(图 5-16①)。

2. 引拍

它是迎球挥拍前的准备动作，为的是更好地发力击球。引拍的方向决定着回球的旋转性质，引拍是否及时决定着能否保持合适的击球点(图 5-16②)。

3. 迎球挥拍

迎球挥拍是指从引拍结束到击中来球前这段过程的动作。挥拍动作的正确与否，对回球的准确性和击球的质量均具有较大的影响。挥拍的方向决定回球的旋转性质，并影响回球的飞行弧线与击球线路。挥拍的速度决定击球力量的大小，从而影响球速的快慢、旋转的强弱。

① 选位

② 引拍

图 5-16　选位与引拍

（二）击球时

球拍触球是指球拍与球体相触及时的动作，是整个击球动作中的核心部分。球拍触球时的击球点、击球时间、拍面角度、拍面方向、触拍部位、用力方向、发力大小等，直接决定着回球的出手角度、出球速度和旋转性质（图 5-17）。

① 迎球挥拍

② 球拍触球

图 5-17　迎球挥拍与球拍触球

（三）击球后

1. 随势挥拍

随势挥拍是指球拍触球后顺势前送的那一段动作，它有助于在击球结束阶段保证击球动作的完整性、协调性和稳定性（图 5-18①）。

2. 还原放松

还原放松是指击球过程中身体与整个击球动作的协调配合用力，击球动作完成后，随着挥拍的结束而出现的一个短暂的放松阶段，它是保证有节奏地连续击球的关键（图 5-18②）。

① 随势挥拍

② 还原放松

图 5-18 随势挥拍与还原放松

第四节 乒乓球类型打法

一、乒乓球类型打法的种类

乒乓球的技术种类非常多，不同的技术组合造就了不同的打法，不同的打法相似的战术风格又构成了乒乓球的打法类型。在对抗日益激烈的现代乒乓球比赛中，无论哪一种打法的运动员，仅依靠自身打法类型中的主体技术在大赛中取胜的几率是非常渺茫的，这种竞争格局促使每一位职业运动员不断地扩大自身的技术体系，丰富技术种类，提升进攻能力。各类型打法的技术使用覆盖范围已无明显的界限，共性特征越来越多，以往单纯的弧圈球打法、左推右攻打法或稳削打法在国际职业比赛中已几乎找不到。根据当今世界乒坛的形势，可将乒乓球体系划分为以下三大类型：横拍进攻类、直拍进攻类和横拍防御类。乒乓球类型打法，可简单归纳为三大类：快攻类、弧圈类和削球类。

表 5-2 乒乓球类型打法

类 型	打 法
横拍进攻类	弧圈结合快攻、快攻结合弧圈
直拍进攻类	弧圈结合快攻、快攻结合弧圈、近台左推右攻、近台两面攻
横拍防御类	削攻、稳削

二、我国乒乓球类型打法的发展概况

（一）弧圈结合快攻打法

弧圈球技术于 20 世纪 60 年代初问世。日本选手为了对付中国快攻打法和欧洲削球

打法，研究和创造了弧圈球技术。1961 年在北京举行的第二十六届世乒赛，日本选手荻村、星野等采用弧圈球打法来对付中国和其他各国选手。由于弧圈球具有上旋强、冲力大的特点，使欧洲许多削球打法的选手防守比较困难，因而日本选手获得了很好的成绩。在与中国快攻选手交手时，虽然有一定的威胁，但由于它还处于初期的发展阶段，技术比较简单，战术不够成熟，所以没有取得显著效果。然而它的出现，已经引起了普遍的重视。

在第二十六届世乒赛后，我国有些运动员开始学习拉弧圈球的技术，结合中国原有的快速进攻和反手推挡的特点，逐步形成了具有中国特色的弧圈结合快攻打法。第二十七届世乒赛，我国选手余长春在和世界各国选手的比赛中，取得了较好的成绩，进入了单打比赛的前 8 名。此后，我国还培养出一些拉弧圈球的选手。目前弧圈结合快攻已成为我国的重要打法之一。

这类打法的代表运动员有瑞典的瓦尔德内尔、比利时的赛弗、克罗地亚的普利莫拉茨、白俄罗斯的萨姆索诺夫和我国的大满贯选手孔令辉、张继科，还有目前中国的优秀运动员马龙、许昕、樊振东等。

（二）快攻结合弧圈打法

快攻结合弧圈类打法出现于第二十六届世乒赛之后。1961 年在北京举行的第二十六届世乒赛上，当时中国的近台快攻和日本的弧圈球，都表现出了鲜明的特点和强大的威力，对以后乒乓球技术的变革起了很大的推动作用。在中、日两国主流打法的基础上，各国一些有志于创新的选手开始探索新的途径。第二十六届世乒赛之后，我国有些选手在快攻打法的基础上，使用反胶和正胶学习拉弧圈球，并把快攻和弧圈结合起来加以运用，形成了以快攻为主、弧圈为辅的打法。我国选手李莉、李赫男就是快攻结合弧圈打法的初期代表，她们都曾经代表中国队，参加了第二十七届、第二十八届世乒赛。当时，这种打法虽处于萌芽时期，但已引起人们普遍的关注。

到了 20 世纪 60 年代的中、后期，欧洲许多人开始弃守为攻，在探索和创新打法的过程中，根据横拍攻球的特点，把中国快攻和日本弧圈的优点很好地结合起来，从而创造了以近台两面攻为主结合弧圈的新型打法。这种打法以瑞典选手本格森为代表，他在第三十一届世乒赛中，战胜了中国、日本及其他国家的选手，获得了男子单打冠军。

我国快攻结合弧圈打法，经过第二十七届世乒赛以后的探索和试验，特别是经过中国队 1970 年访问欧洲以后的研究和总结，有了较快的发展和提高。在第三十一届世乒赛中，当我国快攻打法未能抢攻在前时，使用了抢先拉弧圈球的办法，用以减少对手拉弧圈的机会或减弱对手拉弧圈的旋转，迫使对手和我方打快攻，以发挥传统快攻的特长，取得了良好的成绩。到了第三十二届世乒赛，我国选手这种先拉上旋球的办法仍然见效。郗恩庭用反贴快攻结合弧圈的打法，先后战胜了捷克斯洛伐克、南斯拉夫及瑞典等国选手，获得了男子单打冠军。

马文革从快攻起步，吸取欧洲两面拉弧圈球的优点，形成了具有中国特色的横拍快攻打法，具有“快、转、全”的特点。上手快、出手快、球速快，拉弧圈球的爆冲力强，在主动、相持或被动时以转起到破坏和控制对手进攻的作用。他曾多次获得世界杯及世乒赛的冠军。

王涛采用的是横拍快攻结合弧圈打法。正手反胶、反手生胶，其反手弹击打法速度之快令对手难以招架，他的正手抢拉弧圈球、反带弧圈球技术也已炉火纯青。他是第四十三届、第四十四届世乒赛男团冠军队主将。在 1995 年 11 月 10 日国际乒联公布的世界优秀乒乓球运动员排名中，王涛位居世界排名第一。

邓亚萍也是横拍快攻结合弧圈打法。正手反胶、反手长胶，以“狠、准、快”的技术风格和顽强拼搏的作风著称。邓亚萍共为中国乒坛获得了 18 个世界冠军，是乒坛历史上第一位获得“大满贯”的女选手。

（三）近台左推右攻和近台两面攻打法

这两种打法是我国的传统打法，已有六十多年的历史。从 1959 年第二十五届世乒赛容国团为中国夺得第一个世界冠军（男子单打）开始，至 1971 年第三十一届世乒赛，中国队同时与欧洲和日本抗衡，并以近台快速进攻技术居于世界乒坛先进行列。

我国直拍以攻为主的运动员在掌握了海绵拍以后，站位从中远台发展到近台，出现了快点、快攻、突击、扣杀等新技术，其打法类型主要有左推右攻和正反手两面攻，成为了 20 世纪 60 年代世界乒乓球先进技术之一，具有站位近、判断快、动作小、击球速度快、变化多的特点，并能攻打各种来球。

第二十七届世乒赛以后，中国队直板快攻打法有了较快的发展和提高。在第三十二届世乒赛上，我国运动员郗恩庭采用直板反胶快攻结合弧圈打法，先后战胜各国多名优秀选手，夺得男子单打世界冠军，这也是我国直板反胶打法的运动员第一次登上世界乒坛顶峰。其后，我国又涌现出了许多此种打法的优秀运动员，如郭跃华、曹燕华、齐宝香等。

20 世纪 80 年代后期，由于欧洲强烈弧圈球打法的迅速崛起，欧洲选手的威胁越来越大，直至 1989 年多特蒙德第四十届世乒赛，陈龙灿、江嘉良领衔的中国队 0∶5 惨败给瑞典队，关于直拍打法“狼来了”的预言终于变为现实。此后，直拍快攻打法遭到了广泛质疑，横拍打法开始在国家队里占据上风，直拍由于反手位的弱点一度被打入“冷宫”。

从某种意义上说，刘国梁以及他的直拍横打是中国传统直拍打法的“救星”，尽管直拍横打并不完善，但至少给直拍对抗横拍的前景带来了一线光明。横打在相持以及台内球突击方面的作用日趋显著，加上直拍固有的手腕灵活、线路变化多等优点，使人们对直拍打法的发展增强了信心。随着马琳、闫森、冯喆、王皓等直拍选手的脱颖而出，经过反手技术革新的传统打法又焕发了青春。实践证明，只有在打法的训练指导思想、技战术组合、打法风格等方面有所创新和发展，才能适应世界乒乓球运动的发展潮流。

（四）稳削和削攻打法

削球类打法是欧洲横拍的传统打法之一，它是历史最为悠久的一种打法。

20 世纪 30 年代初期，欧洲已从木拍向胶皮拍过渡。由于工具的改进，使得球拍对球的摩擦力有了增强，促进了削球技术的提高。在球台较窄、球网较高的有利条件下，削球打法很快在欧洲各国发展起来。

早期的削球打法防守稳固、不易失误，但缺乏攻击能力，得分也难，导致在比赛中经常出现长时间的“马拉松”式的对磨战，妨碍了乒乓球技术的发展。削球的盛行增强了乒乓球旋转因素的重要性，丰富了乒乓球运动的内涵，但是，比赛时间的冗长和单调的防守打法降低了比赛观赏性，对运动员的体力和精力也是一种极大的消耗。

1937 年国际乒联对球台的宽度、球网的高度作了适当的修改（即目前的标准），并规定了比赛的时间，这些都利于促进攻球技术的提高，并逐步出现了一些攻守结合、以攻为主的打法。

第二次世界大战以后，削球打法在技术上又有了新的提高，在 20 世纪 40 年代后期的几届世界比赛中，削球打法成为欧洲的主流打法。

进入 20 世纪 60 年代以后，在亚洲直拍及弧圈球技术的强大攻势冲击下，欧洲横拍削球打法受到严重考验，是克服困难走下去，还是弃守为攻另走新路，成为当时欧洲选手面临的抉择。与此同时，一批各具特色的中国直、横拍削球选手相继出现在世界乒坛。张燮林魔术师般削球结合反攻的打法，王志良的转与不转削球结合反攻的打法，林慧卿、郑敏之的中、近台逼角结合反攻的打法等，在第二十七届、第二十八届世乒赛中都取得了出色的成绩并引起了国际乒乓球界的关注，对许多以削为主打法的运动员起到了一定的鼓舞作用。

张燮林采用的长胶削球打法，因旋转性能与短齿胶皮性能差异，回击球的性能与一般胶皮拍不同：搓过来的球应属下旋，可用此拍搓的球不转甚至是上旋，对手用拍一碰就出高球；推挡的球应属不转，用此拍推的球却略带下旋，一碰则下网；此外，削出的球飘忽不定使对手难以琢磨、判断和适应。从而创造了直拍“长胶”削中反攻新打法。他的这种打法在第二十六届世乒赛单打比赛中头一次亮相，便“削倒”了日本队主将星野和三木。他作为“秘密武器”参加第二十七届世乒赛，为中国男队蝉联男团冠军立下汗马功劳。团体获胜的同时，他与横拍（两面反胶海绵）削球手王志良合作，获得此届世乒赛男双冠军。

在第二十八届世乒赛后，爱动脑筋的王志良大胆把自己反手的反贴胶皮换上张燮林使用的那种长胶，这样正、反两面的胶皮性能（正手为反胶、反手为长胶）不同，削出的球转与不转差距更大，结合转动拍面接发球造成对方失误。他又进一步在发球上创新，力求使球拍两面覆盖物的颜色相同，发球时球拍置于桌面下进行“倒拍”后再发。一会儿用反胶，一会儿用长胶；发出的球时而转，时而不转，造成对手判断错误。王志良还试着在发球瞬间，用跺脚发出响声掩盖球拍触球时的响声，使对手难以根据声音辨别是使用哪一种覆盖物发出的球（当时规则中没有限制跺脚的规定）。在 1966 年 12 月中国队访问瑞典和罗马尼亚的比赛中，王志良取得了仅负一场的战绩。后来王志良将此种创新打法传授给了原横拍快攻打法选手梁戈亮，使其在 20 世纪 70 年代乒坛一举成名。

进入 20 世纪 90 年代后，削球向削攻的方向发展得更为明显。丁松是横握球拍的削球手，他正手反胶、反手正胶，削中带攻，有很强的攻击力，有“攻中削”型和“攻削紧逼”型打法之称。在第三届世界杯团体赛中，他与队友合作获男子团体冠军。1995 年第一次参加世乒赛的丁松，在第四十三届团体决赛中出任中国第三单打，以 2∶0 轻取当时排名世界第九的瑞典队卡尔松，为夺得斯韦思林杯立下战功，并被本届世乒赛组委会评为最佳男运动员。

三、乒乓球各类型打法的技术特点

（一）弧圈结合快攻打法

这类打法一般站位中近台，正反手两面拉的能力都非常强，在多拍对抗中以正手相持为主，有一定的快攻能力，以弧圈球为主要得分手段，多以前冲弧圈代替扣杀。与攻球相比较，弧圈球有较多的击球时机。在上升后期或高点期可以选择使用前冲弧圈球，在下降期可以选择使用加转弧圈球进行回击。拉出的弧圈球既有较快的速度，又有强烈的旋转。采用以转制快和以转破转，利用上旋冲力迫使对手离台后退防守，或以下旋结合上旋、转与不转的办法扰乱对方，或运用快慢的结合来破坏对方击球的节奏等方法，为冲杀或扣杀创造机会。弧圈球能稳健地回击出台的强烈下旋球及比网低的任何来球。在低球不好突击或强烈下旋球突击难度较大且容易失误的情况下，由于弧圈球上旋强，能获得较高的命中率。

弧圈结合快攻类打法正反手两面都能拉加转与前冲弧圈球，侧身正手抢拉、抢冲使用率高。孔令辉式的中国弧圈结合快攻打法稳中见凶，以快为主，快中见狠，快狠结合；瓦尔德内尔式的瑞典弧圈球打法全面均衡、狠快兼备、稳中带凶；而奥恰洛夫的欧洲式则以狠为主、狠中见快、狠快结合，各具特色，形成不同流派。中国式弧圈球打法保持了前三板特长，相持球、攻防转换强于欧洲，依靠反手得势，正手得分；欧洲式凶狠有余，韧性不足，虽两面能够多种落点使用“爆冲”弧圈球，但起伏较大。

（二）快攻结合弧圈打法

快攻结合弧圈的打法是以速度为主，旋转为辅，把速度和旋转很好地结合起来，能快则快，不能快时以旋转控制为争取主动创造条件。这类打法的技术特点主要是：近台打快攻时有速度，正手拉弧圈球尤其是拉前冲弧圈球时，既有强烈的旋转又有较快的速度；反手以快拨为主。正手快攻和拉弧圈球相结合，快攻是主要的得分手段，主动时运用弧圈球为进攻开路，拉出机会球后进行扣杀，转为进攻；被动时退至中台，以弧圈球来相持过渡，伺机反攻。实战中，这类打法能时而快攻、时而拉弧圈球，能近台快抽、快拨和抢冲，也能离台拉弧圈做相持或过渡，形成了能攻能防的比较先进和全面的打法。

（三）近台左推右攻和两面攻打法

站位离台近(40～50 厘米)：目的在于缩短球在空中运行的距离，以争取时间。

击球上升期：借以缩短对方回球的准备时间，使对方措手不及。

动作幅度小：在较小的幅度内发挥强有力的进攻，以使动作快速，重心稳定，回复原位及时，为此要强调发挥前臂及手腕的作用。

步法移动活：为适应上述特点，要求反应判断敏捷，步法灵活，及时到位，不能手快脚慢。

突击进攻多：为了争取主动而采取突然袭击和连续进攻的次数多，密度大，以迫使对方连续防御而难于反击。

出其不意、攻其不备：要求进攻时突然性要强，出乎对手的意料，使其猝不及防。为此，还必须发现对方弱点快，改变战术快，如声东击西、快中有慢、慢中有快、突然进攻等。

左推右攻是以近台的正手攻球作为进攻的主要手段，以反手推挡作为助攻和防御的手段。当还击对方发过来或搓过来的左半台的球时，由于推挡对付下旋或混旋的球有一定难度，多采用侧身正手抢攻或拉攻来争取主动。当左半台出现机会时，常用侧身发力进攻。

近台两面攻是以正反手两面进攻作为得分的主要手段。当还击对方发、搓或攻过来的左半台的球时，多采用反手攻球来还击。

（四）稳削和削攻打法

削球技术的特点概括起来有两点：第一是稳健性，第二是积极性。

削球的稳健性主要表现在站位离台比较远，较多地在来球的下降期击球，这样就使得自己有比较充裕的准备时间；同时由于来球的速度、旋转在下降期已减弱，因而也就比较容易回击。削球的积极性主要表现在旋转变化和落点变化上，运用加转与不转的削球结合左、右、长、短的落点变化，常会使对方难以攻击，造成被动或失误。

在弧圈球没有出现之前，人们注意发挥削球的稳健性方面多于积极性方面。那时采用稳守打法的比较多，攻势较弱，旋转变化也较少。弧圈球打法出现以后，单纯的稳削显得越来越被动，只有在加强削球下旋的基础上去增加旋转变化和落点变化，才能在比赛中获得更多的主动，这实际上把削球的积极性方面提到了一个新的高度。为了达到这个目的，提高削球技术质量具有十分重要的意义。

而削攻类打法技术特点是以削球和攻球为主体技术。正、反手削球是运用转与不转的旋转变化，正手是拉弧圈、攻球、抢拉反攻，而发球、搓球则运用“倒拍”。削攻打法向凶狠、快慢节奏变化的方向发展。削球的旋转、线路变化与适时反攻，继而连续进攻，开阔了削球技术创新的思路，使削中反攻更加凶狠。削攻类打法在中台削球中反拉弧圈，在一定程度上解决了攻、削脱节难题，并改变了在削、搓中只能抢攻下旋而不能抢攻上旋的状况，这是削、攻结合打法新的突破。

四、乒乓球各类型打法的主要技术体系

(一) 弧圈结合快攻类打法的主要技术体系

- 弧圈结合快攻类打法的主要技术
  - 单个技术
    - 进攻型技术
      - 正手（含侧身）
        - 前冲弧圈球
        - 加转弧圈球
        - 侧旋弧圈球
        - 中远台对拉
        - 反拉弧圈球
        - 封拉半出台
        - 扣杀
        - 挑打
      - 反手
        - 前冲弧圈球
        - 加转弧圈球
        - 反拉弧圈球
        - 中远台对拉
        - 反撕
        - 拧拉
        - 弹打
    - 控制型技术
      - 正手
        - 摆短
        - 劈长
        - 晃撇
      - 反手
        - 摆短
        - 劈长
        - 晃撇
    - 防御型技术
      - 正手
        - 放高球
        - 吸短
        - 挡球
      - 反手
        - 放高球
        - 吸短
        - 挡球
        - 切
  - 结合技术
    - 发球抢攻、抢拉
    - 反手拉攻结合侧身攻
    - 反拧衔接快撕
    - 反手拉冲结合正手拉冲/扣杀
    - 侧身攻后扑正手对拉

（二）快攻结合弧圈类打法的主要技术体系

- 快攻结合弧圈类打法的主要技术
  - 单个技术
    - 进攻型技术
      - 正手（含侧身）
        - 拉弧圈球
        - 快攻
        - 快拉
        - 扣杀
        - 突击
        - 侧身攻
        - 挑打
      - 反手
        - 拉弧圈球
        - 快拨
        - 快撕
        - 反拧
        - 反撕
        - 弹打
    - 控制型技术
      - 正手
        - 摆短
        - 劈长
        - 晃撇
      - 反手
        - 摆短
        - 劈长
        - 晃撇
    - 防御型技术
      - 正手
        - 放高球
        - 吸短
        - 挡球
      - 反手
        - 放高球
        - 吸短
        - 挡球
        - 切
  - 结合技术
    - 发球抢攻
    - 接发球后正反手快速进攻
    - 反手攻结合正手攻/扣杀
    - 反手攻结合侧身攻
    - 侧身攻后扑正手对拉

（三）近台左推右攻和近台两面攻打法的主要技术体系

- 近台左推右攻和近台两面攻打法的主要技术
  - 单个技术
    - 进攻型技术
      - 正手（含侧身）
        - 快攻
        - 快拉
        - 快点
        - 扣杀
        - 突击
        - 侧身攻
      - 反手
        - 快弹
        - 加力推
        - 推下旋
        - 推挤
        - 直拍横打（两面攻打法）
    - 控制型技术
      - 正手
        - 摆短
        - 劈长
        - 滑板/晃撇
      - 反手
        - 摆短
        - 劈长
    - 防御型技术
      - 正手
        - 放高球
        - 吸短
        - 挡球
      - 反手
        - 推挡
        - 推挤
        - 放高球
        - 吸短
  - 结合技术
    - 发球抢攻
    - 左推右攻
    - 反手攻（推）转侧身攻
    - 侧身攻后扑正手对拉
    - 突击后连续进攻
    - 连续扣杀

（四）稳削和削攻类打法的主要技术体系

- 稳削和削攻类打法的主要技术
  - 单个技术
    - 进攻型技术
      - 正手（含侧身）
        - 拉弧圈球
        - 正手攻球
        - 突击
        - 扣杀
      - 反手
        - 拉弧圈球
        - 攻球
        - 弹打
    - 控制型技术
      - 正手
        - 搓球
        - 搓削
      - 反手
        - 搓球
        - 搓削
    - 防御型技术
      - 正手
        - 中近台削球
        - 中远台削球
        - 削加转弧圈球
        - 削转不转球
        - 削扣杀球
        - 兜球
        - 放高球
        - 挡球
      - 反手
        - 中近台削球
        - 中远台削球
        - 削加转弧圈球
        - 削转不转球
        - 削扣杀球
        - 放高球
        - 挡球
  - 结合技术
    - 发球抢攻或抢拉
    - 攻中转削或削中反攻
    - 搓削结合
    - 搓中突击
    - 拉中结合突击/扣杀
    - 削中结合放高球

思考题

1. 选择某个你所熟悉的乒乓球技术，简述该技术合理的击球时间、击球部位、拍形、触拍部位以及击球点等。

2. 简述增强击球旋转的方法。

3. 简述提高击球速度的方法。

4. 简述击球落点的作用。

5. 简述击球的基本环节以及动作结构。

6. 乒乓球类型打法有几个种类？简述我国乒乓球类型打法的发展情况及其技术特点。

第六章　乒乓球基本技术

本章提要

乒乓球属于技能主导类执拍隔网对抗项目，在乒乓球竞技中，技术因素占据着主导地位。实践证明，乒乓球技术是战术的基础，战术是由各项技术组成的，技术的好坏决定战术的质量，技术的全面有利于培养全面广泛的适应能力，同时也有利于个人独特风格的形成。因此，必须十分重视乒乓球基本技术的学习。

学习目标

1. 熟练掌握乒乓球的握拍方法、基本站位与准备姿势以及基本步法。

2. 根据各自的打法类型，基本掌握正反手上旋和下旋发球技术、接发球技术、反手推挡技术、正手攻球技术、搓球技术、弧圈球技术以及削球技术。

第一节　握拍方法

一、握拍方法的特点与作用

不同国家和地区、不同技术和打法的运动员的握拍方法各有不同，尽管各种新式球拍的出现使得握拍方法更加丰富多彩，但总体来看，目前世界乒坛流行的握拍方法依然是横拍握法和直拍握法两种。前者源自欧洲运动员的传统打法，后者则是由亚洲运动员所发明并传承的。握拍方法可根据每个人不同的技术特点加以选择，但握拍方法也并不是一成不变的，应根据个人的特点进行微调。有什么样的握拍方法，就会打出什么样的球，正确的握拍方法对调整击球时的引拍位置、拍形角度、拍面方向、发力方向等都有重要作用，而且每次击球瞬间的用力最终都要借助手腕和手指来完成。因此，正确的握拍方法与掌握乒乓球基本技术和提高乒乓球技巧都有着密切的关系。

二、握拍方法的种类、动作要领及优缺点

（一）直拍握法

以往的直拍打法可分为直拍快攻近台类和直拍弧圈类，因此握拍方法会稍有不同。但随着技战术的不断发展进步，在世界顶级运动员中，绝对的直拍近台快攻或直拍弧圈类打法已不复存在，因此直拍握法也逐渐趋于相似。

1. 握拍方法

拇指和食指自然弯曲，拇指的第一关节和食指的第二关节分别压住球拍的左肩和右肩，拇指与食指的指尖距离没有固定的要求，可根据自身情况进行调整，其他三指微微弯曲，平铺于球拍背面（图 6-1）。准备姿势时握拍不宜太紧，能够维持正常的拍形即可，待击球发力时再握紧球拍。由于直拍握法击球时手腕非常灵活，因此在击球时，可适当调整每个手指的位置以提高击球质量。在正手攻球时，可拇指用力将拍面下压使其前倾，食指放松置于球拍右肩，中指略微用力顶住拍面；反手推挡时，拇指放松，第一关节轻轻搭在球拍左肩，食指发力将拍面下压使其稍前倾，中指贴紧球拍背面，内弯或伸直均可，无名指和小指叠放于中指之上；在直拍横打时，拇指深握球拍，食指适当放松，向球拍边缘移动，后面三指略微伸直张开，以控制拍形。

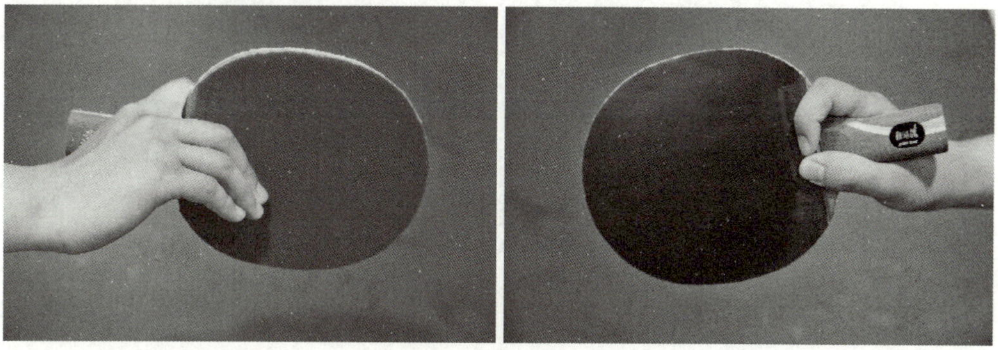

图 6-1　直拍握法

2. 直拍握法的优缺点

（1）优点：五指均紧贴拍面，触球感觉好；手腕活动灵活，正反手转换快，方便处理台内球和追身球；有利于前三板的进攻（发球、接发球、发抢）；正手击球效果好。

（2）缺点：护台面积小，在回接对方有外拐的强侧旋球时难度较大；根据解剖学姿势，反手击球时不利于提高击球质量；相持球容易进入被动状态。

（二）直拍横打握法

与直拍近台快攻握法相比，拇指往里握深一点，食指移至球拍边缘处，握拍不要太紧，后面的三指略伸开些，这样有利于发力及控制拍形（图 6-2）。

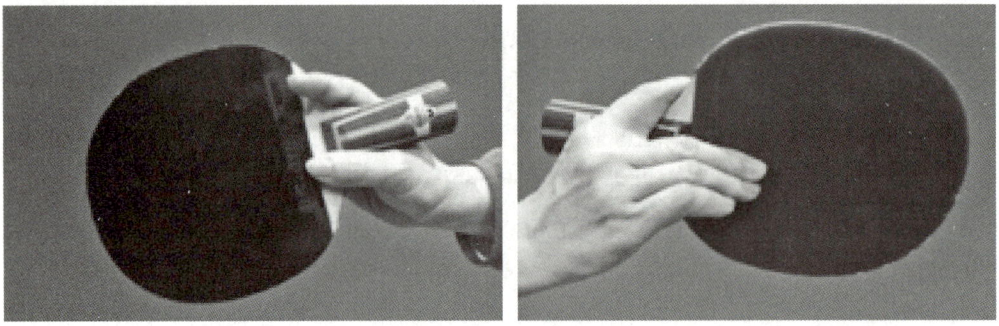

图 6-2　直拍横打握法

（三）横拍握法

横拍握法因手指动作相似，又称为“八字式”握法。

1. 握拍方法

虎口压住并紧贴球拍右上肩，中指、无名指和小指自然地握住拍柄，拇指在球拍的正面轻贴于中指旁边，食指自然伸直斜贴在球拍的背面（图 6-3）。

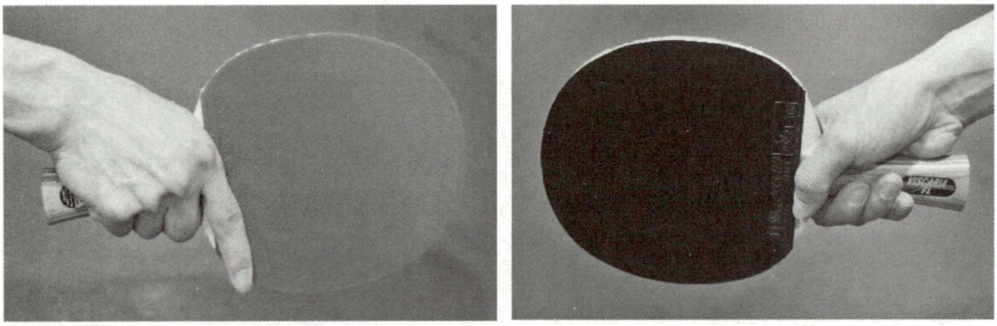

图 6-3　横拍握法

横拍握法的关键在于：正手攻球时，食指压拍，以拇指第一指节作为支点，与中指协调控制拍形并传递出击球力量，甚至可将食指略向球拍中部移动，以使其压拍的用力点与球拍正面的击球点更为接近；反手攻球时，则是以食指根部关节为支点，拇指压拍控制拍形并传递出击球力量，也可同时将拇指向上移动，接近正面的触球点。注意避免中指、无名指、小指和手掌将拍柄攥得过紧，否则会使手臂用力的传递不够敏锐、调节不够精细，影响击球的准确性。

由于横拍拍柄较长，因此在正手发球时为加大手腕的灵活性，可将原先握住拍柄的中指、无名指和小指也挪到背面，与食指一起托住球拍，发完球之后再迅速还原为正常握法。瑞典著名运动员瓦尔德内尔采用的就是这种方式（图 6-4）。

2. 横拍握法的优缺点

（1）优点：手指、手掌与球拍的接触面积稍大，故握拍相对稳定；左右的控球范围也较

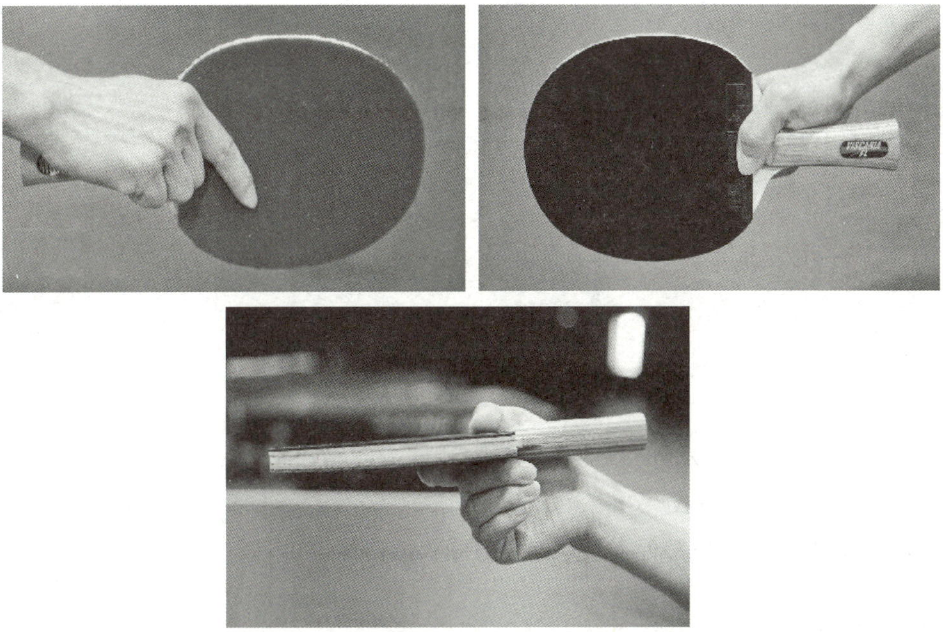

图 6-4　横拍发球握法

大；反手进攻易于发力，也适于拉弧圈球或由相持转入进攻。

（2）缺点：回接左右两边的来球时，需要转动拍面，因此挥拍的摆速稍慢；台内球、追身球，尤其是中路偏左的球较难处理；正手处理台内球和发球的变化不及直拍；由于全手掌抓握拍柄，掌心容易出汗，易出现打滑现象。

第二节　基本站位与准备姿势

受自身的打法特点影响，每个运动员的基本站位都不尽相同。合理的站位不仅能够提高运动员回接来球时的反应速度和位移速度，还能够极大地提高运动员抢攻的命中率，提升击球质量。

一、常见的基本站位

由于当前世界乒坛的竞技水平非常高，各类打法的运动员都具有超一流的抢攻能力，能拉不搓、能挑不撇的思想一直贯穿在运动员们的日常训练和比赛中。故在竞技比赛中，进攻型打法的运动员，站位几乎都在中近台中间偏左或偏右的位置（偏向非持拍手一侧），伺机抢攻（图 6-5）；削攻型打法的运动员常见站位大多在中台附近（图 6-6）。

图 6-5　近台站位

图 6-6　中台站位

不论选取何种站位，最终的目的都是为击球创造便利条件。因此，若想提高击球的命中率，正确的准备姿势也是必不可少的。运动员在每一次击球前都应调整自己的站位和准备姿势，力争使全身各部位都处在最佳的姿势和状态击球。

二、准备姿势

正确的准备姿势是：两脚平行站立，略比肩宽，重心置于两前脚掌内侧，脚后跟微微提起，两膝微屈内扣，上体前倾，收腹含胸，下颌微收，注视来球方向；全身处于自然放松状态。持拍手手臂自然弯曲置于体侧，手腕放松持拍置于腹前(图 6-7、图 6-8)。

图 6-7　准备姿势(正面)

图 6-8　准备姿势(侧面)

两脚开立略比肩宽，是为了保持身体重心的稳定性；两膝微屈、脚内侧用力着地和脚后跟微微提起，有利于快速蹬地启动。

第三节　基本步法

一、单步

1. 特点和作用

单步移动简单，范围小，一般在来球离身体较近时使用，重心移动平稳，它是各种打法常用的步法之一。

2. 移动方法

准备动作（图 6-9①），以一只脚为轴，另一只脚向前（图 6-9②）、后（图 6-9③）、左（图 6-9④）或右（图 6-9⑤）不同方向移动一步，身体重心随之落到移动脚上，然后再挥臂击球。

① ② ③ ④ ⑤

图 6-9　单步步法

3. 训练方法

练习者单步移动进行前、后、左、右的练习，每击完一板球后，注意步法及身体重心的还原。

4. 易犯错误

(1) 移动不勤，伸手够球去击球，步法不到位。

(2) 移动击球时，身体重心还未落到移动脚上。

二、跨步

1. 特点和作用

跨步的移动幅度较大，常会降低身体重心的高度，近台快攻打法在还击正手位大角度来球时用此步法较多。削球选手有时也会用它来对付对方突然攻击。

2. 移动方法

准备动作(图 6-10①)，先以来球方向异侧脚用力蹬地，另一只脚向来球方向侧跨一大步(图 6-10②、图 6-10③)，蹬地脚也迅速跟着移动，球离拍后应立即还原，保持准备姿势(图 6-10④)。

①　②

③　④

图 6-10　跨步步法

3. 训练方法

练习者跨步移动进行左、右的练习，每击完一板球后，注意步法及身体重心的还原。

4. 易犯错误

(1) 移动不勤，伸手够球去击球，步法不到位。

(2) 移动击球时，身体重心还未落到移动脚上。

三、并步(亦称滑步)

1. 特点和作用

并步的移动范围略比单步大，移动时重心较为平稳，它是各种打法在左、右移动时经常用到的步法。

2. 移动方法

准备动作(图 6-11①)，先以来球异侧方向的脚用力蹬向另一只脚旁(图 6-11②)，与此同时，同侧方向的脚向同方向迈出一步，身体重心随之落到此脚(图 6-11③)，然后再挥臂击球。

①　②　③

图 6-11　并步步法

3. 训练方法

练习者并步移动进行左推右攻将球回击，每击完一板球后，注意步法及身体重心的转换。

4. 易犯错误

(1) 移动击球时，未根据来球距离选择是小并步还是大并步移动。

(2) 移动击球时，身体重心停留在蹬地脚上，未进行重心转换。

第四节 发 球 技 术

在乒乓球比赛中，发球是唯一不受对方控制的技术，它具有极强的可控性，它可以凭着自己的主观意志站在任何位置，发出任何线路、落点、旋转、弧线的球，发球的好坏直接影响着整个比赛的胜负。

发球：上旋球

一、上旋发球

（一）正手平击式发球

1. 特点和作用

正手平击式发球是一种旋转强度一般、速度中等的发球。它是初学者最基本的发球方法，也是掌握其他复杂发球的基础。

2. 动作要领

击球前：右手持拍拍面略向前倾，左手掌心托球，两臂自然弯曲置于身体与球台之间，左脚略前，距离球台约 50 厘米（图 6-12①）。左手将球垂直向上抛起，手臂向身体右侧方后拉引拍的同时身体重心转移到右腿上（图 6-12②）。

击球时：当球从高点下降至稍高于球网时，右手向身体的左前上方挥动，击中球的中上部并将身体重心转移至左腿上。尽可能使球的第一落点落在本方球台的中段（图 6-12③）。

① 准备姿势

② 击球前

③ 击球时

④ 击球后

图 6-12 正手平击式发球

击球后：右手继续向左前方随势挥动，之后迅速还原(图 6-12④)。

(二) 反手平击式发球

1. 特点和作用

与正手平击式发球基本相同，横拍选手采用此种发球较多。

2. 动作要领

击球前：右手持拍拍面略向前倾，左手掌心托球置于体前腹部处，两脚平行或右脚稍前，距离球台约 50 厘米(图 6-13①)。左手将球垂直向上抛起，与此同时右手向身体左后方引拍(图 6-13②)。

击球时：当球从高点下降至稍高于球网时，右手从左后向右前上方挥动，击球中上部。尽可能使球的第一落点落在本方球台的中段(图 6-13③)。

击球后：手臂继续向右前方随势挥动，之后迅速还原(图 6-13④)。

① 准备姿势

② 击球前

③ 击球时

④ 击球后

图 6-13　反手平击式发球

二、下旋发球

发球：下旋球

(一) 正手下旋发球(转与不转)

1. 特点和作用

用极为相似的发球手法来迷惑对方，使其回球失分或出高球，为抢攻得分创造机会。

特点是球速较慢，前冲力小，发球动作相似，但旋转反差极大。

2. 动作要领

击球前：身体侧对球台，左脚在前，右手拍面后仰，左手掌心托球，两臂自然弯曲置于体前腹部处(图 6-14①)。左手将球垂直向上抛起的同时，右手向身体右后上方引拍，手腕适当外展，身体重心移至右脚(图 6-14②)。

击球时：当球从高点下降至稍高于球网时，收缩右手上臂，前臂和手腕随之加速向身体左腹前下方发力，身体重心随之移至左脚(图 6-14③)。

发强下旋时，用球拍的下半部去摩擦球的中下部，并向球的底部摩擦，触球瞬间手指和手腕加强爆发力，加大摩擦力，尽可能增加球停留在球拍上时间。

发不转球时，拍面后仰的角度略小些，用球拍的中上部去碰击球的中下部，碰击球后稍向前推送球，使作用力线尽可能接近球心，从而形成不转球。

击球后：挥拍动作尽可能停住，之后迅速还原(图 6-14④)。

① 准备姿势

② 击球前

③ 击球时

④ 击球后

图 6-14　正手下旋发球

(二) 反手下旋发球(转与不转)

1. 特点和作用

与正手发转与不转球基本相同，一般横拍选手多采用此种发球。

2. 动作要领

击球前：右手持拍，拍面略向前倾，左手掌心托球置于体前腹部处，两脚平行或右脚稍前，距离球台约50厘米（图6-15①）。横拍选手手腕适当外展，直拍选手手腕适当向内勾。

击球时：当球从高点下降至稍高于球网时，右手前臂加速向右前下方发力，用球拍的下半部分摩擦球的中下部至底部，球停留在球拍上的时间越长，则下旋的旋转越强烈（图6-15②）；反之，若是用球拍的上半部分击球，则球的旋转不强烈，从而形成不转球（图6-15③）。横拍选手手腕内收，直拍选手手腕向下伸。

击球后：挥拍动作尽可能停住，之后迅速还原（图6-15④）。

① 击球前

② 击球时（反手发转球击球部位）

③ 击球时（反手发不转球击球部位）

④ 击球后

图6-15　反手下旋发球

发球：侧旋球

三、侧旋球

（一）侧身正手发左侧上、下旋球

1. 特点和作用

这种发球以旋转变化为主，球在对方球台落台后会有向左侧明显的偏移，对方回球也向其左侧上（下）反弹。它的动作幅度小，发球手法相似却能发出两种不同旋转的球，这种发球有利于选手进行抢攻，是运动员在比赛中运用较多的发球手法。

2. 动作要领

击球前：身体侧对球台，左脚在前，右手拍面后仰，左手掌心托球，两臂自然弯曲置于体前腹部处（图6-16①）。左手将球垂直向上抛起的同时腰部略向右转动，右臂向身体右后上方引拍，手腕尽可能外展，此时身体重心移至右脚(图 6-16②)。

击球时：当球从高点下降至稍高于球网时，右手向身体左下方发力，同时身体重心移至左腿。发左侧下旋球时，球拍从球的右侧中下部向左侧中下部及偏底部摩擦(图 6-16③)；发左侧上旋球时，球拍从球的右侧中下部向左侧中上部摩擦，并微微勾手腕以加强上旋(图 6-16④)。

击球后：挥拍动作尽可能停住，之后迅速还原(图 6-16⑤)。

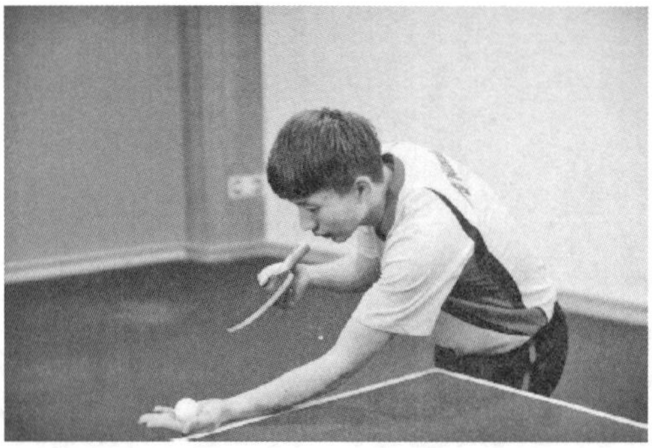

① 准备姿势

② 击球前

③ 击球时(正手左侧下旋球)

④ 击球时(正手左侧上旋球)

⑤ 击球后

图 6-16 正手发左侧上、下旋球

（二）反手发右侧上、下旋球

1. 特点和作用

与正手发左侧上（下）旋球基本相同。球在对方球台落台后会有向右侧明显的偏移，对方回球也向其右侧上（下）反弹。

2. 动作要领

击球前：右手持拍，拍面略向前倾，左手掌心托球置于体前腹部处，两脚平行或右脚稍前，站在球台左侧（图 6-17①）。横拍选手手腕适当外展，直拍选手手腕适当向内勾。左手将球垂直向上抛起的同时腰部略向左转动，右手向身体左后上方引拍，身体重心移至左脚（图 6-17②）。

① 准备姿势

② 击球前

③ 击球时（反手右侧下旋球）

④ 击球时（反手右侧上旋球）

⑤ 击球后

图 6-17　反手发右侧上、下旋球

击球时：当球从高点下降至稍高于球网时，右手手臂及手腕加速向身体右侧下方发力，身体重心随之移至右脚。反手发右侧下旋球时，球拍从球的左侧中下部向右侧中下部及偏底部摩擦，腰配合向右转动(图 6-17③)；反手发右侧上旋球时，球拍从球的左侧中下部向右侧中上部摩擦，并微微将手腕往上勾以加强球的上旋(图 6-17④)。

击球后：挥拍动作尽可能停住，之后迅速还原(图 6-17⑤)。

四、练习步骤

发球技术的练习顺序：上旋球—下旋球—侧旋球。

1. 初次学习发球时，按照发球技术的动作结构做一抛一发徒手模仿练习，再进行上台练习。

2. 两人一组，一个进行发球练习，另一个进行接球练习。

3. 先学发斜线，再学发直线；先学发定点，再学发不定点。

4. 先练单一性能的旋转发球，再练用相似手法发出两种不同性能的球。

五、易犯错误和纠正方法

1. 易犯错误：抛球和击球的时机掌握不好；纠正方法：应在来球的下降期进行击球。

2. 易犯错误：不持拍手在低于球台的水平面向上抛球；纠正方法：不持拍手应在球台的水平面之上抛球。

3. 易犯错误：发球前持拍手手臂引拍过于紧张；纠正方法：持拍手手臂引拍一定要伸展放松。

第五节　接发球技术

近年来，随着乒乓球技术的发展，出现了许多新的发球技术，这些技术在比赛中已显示出很大的威力，这就要求接发球技术也必须相应地提高和发展。

乒乓球比赛是从发球和接发球开始的，每局比赛接发球的机会与发球机会相同，有10～15 次，比赛中如能做到积极主动、得心应手的回击，将给整个比赛带来先机；反之，如接发球技术不好，除直接失分外，同时还会使自己的技战术也无法正常发挥，而造成心理上的紧张和畏惧，导致全局的失败。所以接发球技术是万万不能忽视的，它是乒乓球技术中一个重要的组成部分。

一、接发球技术的基本环节

(一) 接发球的站位选择

要把对方发过来的球接好，首先必须根据发球方的站位来决定自己的站位。如对方准备用正手在球台的右角发球，可能发出右方直线，考虑到右方斜线来球角度大，直线球相对而言角度要小些，接发球的站位应在中间偏右些；如对方用反手或侧身在球台左方发球，则接发球方的站位应偏左些。站位偏左偏右应该从回接对方来球角度较大的斜线球考虑，而由于事先很难估计对方发球的长短，所以要根据自己的习惯打法来决定前后站位（站位离台的远近）。

总之，接发球的站位选择，既要考虑对方来球落点的变化，又要保证在对抗阶段个人技术特长的发挥。

（二）来球性能的判断

由于发球方可主动改变来球的旋转、速度、落点、力量等，所以接发球一方的判断是十分重要的，只有正确地判断才能决定回击方法。

1. 对旋转的判断

在乒乓球比赛中，运动员发球中常常出现的旋转主要有左侧上、下旋，右侧上、下旋，转与不转，逆旋、顺旋等。从以下几个方面判断球的旋转性质：

（1）拍形：一般情况下，发上旋球时，拍形是竖着的；发下旋球时，拍形是稍平或稍后仰；侧下旋球和下旋球时，向中下部和底部摩擦球才比较转。

（2）动作轨迹：上旋球和不转球时，球与球拍接触的一瞬间，手腕摆动的幅度一般不是很大，并时常与假动作相配合；侧下旋球和下旋球时，手腕摆动相对大一点，容易吃球，动作也比较固定，击球后常有一个停顿，加上假动作，也不会像发侧上旋球和不转球那样连贯。

（3）弧线：上旋球和不转球的运行一般比较快，常有往前"窜拱"的感觉。发短球时容易出台，弧线低平；下旋球运行比较稳定，弧线略高，短球不易出台。

（4）出手：上旋球和不转球一般出手比较快，并且动作模糊，球拍几乎不摩擦球；下旋球的出手相对要慢些，因为球拍要给球足够的摩擦时间，才能使球产生一定的旋转。

2. 对速度和落点的判断

（1）对长球的判断：一般情况下，发球者把球发得很长，第一落点多在自己本方台面的端线附近，球的运行速度，侧上旋球和不转球明显要快于侧下旋球，如果是直线长球，要特别注意平推过来或者是略带外拐的球，因为这种球除了有很快的速度外，线路还比较直，增加了球的角度。

（2）对短球的判断：发球方发短球时，第一落点一般距球网较近，侧上旋短球的第二弧线往前"拱"，顶在板上，来球可能是"小三角"的位置，球是从靠近球网的边线出台，手要对准球。

（3）对半出台球的判断：半出台球是接发球中难度较大的一项技术，容易造成接发球方的犹豫和思路混乱。在判断这种球时，视其旋转而定，侧上旋球和不转球比侧下旋球和下旋球容易出台。根据发球方的特点，发半出台球时，接球方如果对哪种容易出台，哪种不容易出台，正手容易出台还是反手容易出台以及长、短球判断不是很清楚时，可以有意识地多练习，出手要果断，这样才能克服接半出台球的心理压力。

二、接发球技术的方法与应用

(一) 接发球的方法

接发球的基本方法是由点、拨、带、拉、攻、推、搓、削、摆短、撇侧等各种技术综合组成的,对于已掌握了以上接发球方法的运动员,可以根据自己技术打法的特点和技战术的需要,打破一般接发球的规律去接对方的任何来球。要提高接发球的接球能力,必须加强各种基本技术。

1. 接上旋发球

用推挡和攻球回接时,当来球跳至上升期,拍面稍前倾,击球中上部,直拍反手推挡手臂向前推送出去,横拍反手向右前方拨出去,正手攻球向左前上方挥拍。

2. 接下旋球

发过来的球速度较慢,触拍后向下反弹,用搓球回接时,拍面稍后仰,手腕摩擦和前臂向前送球幅度要大些;用拉攻或弧圈球回接时,一定要增加向上提拉的力量。

3. 接左侧上(下)旋球

左侧上旋球是左侧旋与上旋结合的旋转球,接这种球一般采用推、攻、拉为宜。回接时,拍面角度要稍前倾,拍面所朝方向向左偏斜以抵消来球的左侧旋;向前下方用力要相对加大,防止球触拍时向自己上方反弹。如用搓、削回接时,除注意拍面角度和所朝方向外,还要加大向下摩擦球的力量;用弧圈球回接时,要加大拍面前倾角度,多向前发力,少向上提拉。

左侧下旋球是左侧旋与下旋结合的旋转球,接这种球一般采用搓、削、回击为宜。回接时,拍面角度要稍后仰,拍面所朝方向向左偏斜以抵消来球的左侧旋,稍向上用力,防止球触拍时向自己左下方反弹。如用拉回接,除注意拍面角度和所朝方向外,还要加大向上摩擦球的力量;用弧圈球回接要注意拍面角度不宜过于前倾,多向上提拉,少向前发力。

4. 接右侧上(下)旋球

右侧上旋球是右侧旋与上旋结合的旋转球。接右侧上旋球,一般采用推、攻为宜,回接时拍面角度要稍前倾,拍面所朝方向向右偏斜来抵消来球的右侧旋;向前下方用力要相对加大,防止球触拍时向自己左上方反弹。用搓、削回接时,除注意拍面角度和所朝方向外,还要加大向下摩擦的力量;用弧圈球回接要加大拍面前倾角度,多向前发力,少向上提拉。

右侧下旋球是右侧旋与下旋结合的旋转球,一般采用搓、削为宜,回接时,拍面角度要稍向后仰,拍面所朝方向向右偏斜以抵消来球的右侧旋,向上用力要相对加大,防止球触拍时向自己左下方反弹。用推、攻回接时,除注意拍面角度和所朝方向外,还要加大向上摩擦球的力量;用弧圈球回接要注意拍面角度不宜过于前倾,多向上提拉,少向前发力。

5. 接短球

对方发来的球是台内近网短球时，回接时步法要及时上前，以获得最合适的击球位置，同时要控制好身体的前冲力量。无论采用哪种方法回接都要迅速还原，准备下一拍的来球。来球在台内，受台面影响会阻碍引拍，因此要依靠前臂和手腕发力，同时要根据来球的旋转性能，调节好拍面角度、击球部位、击球时间和用力方向等。

（1）挑接

挑接是接短球的一种比较主动的方法，运用得好，可以变被动为主动，转入进攻。挑接分为正手挑和反手挑，反手挑主要用于横板运动员，目前也有少数直拍运动员在运用反手挑接。

（2）快挑

对付不转或转的短球，拍形略斜或垂直，击球时主要运用手腕的力度去撞击和摩擦球。一般对付来球较短、落台后向前跳落少、向上回跳略高的球时，用快挑效果相对好些。

6. 摆短

摆短是快搓球的一种精细的技术，它最大的特点是出手快，突然性强，能有效限制对手的拉、攻上手。在用摆短接发球时注意三点：

（1）在上升期接触球的中下部，以体现速度；

（2）手臂离身体要近些，离得远将影响准确性和质量；

（3）手臂不要过早伸入台内，形成较合理的节奏感，体现摆短出手快的特点。

7. 搓长

专业运动员一般运用的搓长技术，是和摆短配合运用的快搓底线长球，它以速度和突然性取胜。在搓长时，手法要尽可能与摆短相似，以前臂发力为主，手腕的摆动不要过大，以免影响手上的感觉。

8. 晃撇

一般是在侧身位，用正手搓侧旋斜线球，常用来接短球，与侧身挑直线配合运用，可使对手不敢轻易侧身，进行有威胁的抢攻。接发球时，最好能够在来球的最高点击球，球拍触球的后中下部，手腕略有外展，向左侧前下方摩擦球，使球带有左侧下旋，落台后向外拐，让对手不容易对准球。

9. 拉接

一般是用来对付长球的方法。在拉接中，要特别注意第一时间与第二时间的本质区别。手低于台面接触球，一般情况下就可以认为是第二时间，高于球台或基本与球台在一个平面上时，可认为是第一时间，此时拉接，容易发上力，能够保证一定的准确性，在时间上争取主动；而在第二时间接触球时，就需要进行适当的调整，在力争压低弧线的同时，主要靠落点来控制对手。

10. 攻打

攻打在接发球中是一项难度较大的技术，主要用来对付长球，其在比赛中的作用是显而易见的，难度大，威胁更大。

11. 接半出台球

加强接半出台球的意识和胆量。运用技术的基本原则是能拉接，不要搓接；能挑接，不要搓撇，否则，将会非常被动。在运用拉接技术时，不要拉手过大，手臂向球台靠近、抬高，击球点一般在台面以上，重心要前移，以前臂和手腕突然向前发力为主，整个动作幅度不要过大，有点近似于小前冲，抬高重心是至关重要的。由于这种球，相对短球比较长，也可能会出台，并且比较顶，在接球时，要给球一定的力量，有时接这种球更像是突击，必须克服来球的旋转。

12. 拧接

拧接分为拧拉和侧拧。直拍打法充分发挥直板接发球手腕灵活的特点，手指感觉好的球，可以用来对付下旋球、上旋球和不转球的台内短球。对付不转或上旋球时，拍形垂直，触球的中部或侧面中部，按自己的意图向左右前方摩擦拧球，回击到对方台面的任意落点，这样拧出去的球，带有左右侧上或侧下旋。这种接发球手段较为隐蔽，出手一瞬间比较快，加上快摆短球的配合和控制好左右中三个落点，使对方发球后很难抢拉出较高质量的弧圈，可以为自己下面的主动进攻或主动相持争取机会。

三、接发球技术教学方法

接发球技术掌握的好坏，取决于掌握乒乓球基本技术水平的高低。同时，运动员应当在理论上了解各种旋转的性能，通过专门的反复训练和比赛，提高观察判断能力和适应能力，才能不断提高接发球技术。

（一）教学步骤

在练习接发球时，应根据发球方发什么种类、旋转、落点变化的球，接发球方才能采取合理有效的接球手段。

1. 规定一种发球的旋转和落点，可用一种或几种方法接，先集中精力熟悉一种旋转发球。

2. 规定一套发球变化的规律（如：一长一短、转与不转等），用一种或几种方法接。在分辨不清某种发球的旋转变化时，用此练习效果最好，可提高判断能力。

3. 不限制发球的变化规律，全面练习接发球的技术，此方法比较接近实战。

4. 在练习当中增加接发球练习，可进一步提高接发球的抢攻能力，并能及时得到反馈，了解接发球技术的效果。

（二）接发球基本要点

1. 选择正确站位。

2. 观察对方发球动作，做出正确判断，决定回击方法。

3. 采用不同回击方法要掌握拍面角度，拍面所朝方向，击球时间、部位和摩擦方向，发力方向和发力主要部位等。

第六节 推挡技术

推挡是快攻打法的基本技术之一，它具有站位近、动作小、球速快、稳定性比较高等特点。在对攻中可以用快推或加力推结合落点变化来调动对方，争取主动。有时也可以用它来牵制对方，为正手进攻或侧身进攻创造有利时机。在被动和相持时，具有韧性的推挡还可以起到积极防守和变相持为主动的作用。

推挡：直拍

一、直拍

（一）快推

1. 特点和作用

站位近，速度快，落点变化灵活，具有一定的威胁并且是相持中常用的技术，是直拍反手位进攻得分的重要手段。

2. 动作要领

击球前：左脚稍前或两脚平行约与肩宽，两膝微屈，身体离球台约 50 厘米。右手臂自然弯曲，大臂和肘关节自然夹紧，靠近身体右侧，球拍略前倾置于腹前，前臂与台面几乎平行（图 6-18①）。

击球时：在来球的上升期击球的中上部，食指用力，拇指放松，前臂和手腕迅速略向前上方推出去（图 6-18②）。

击球后：手臂与手腕顺势前送，并迅速还原（图 6-18③）。

① 击球前　　② 击球时　　③ 击球后

图 6-18 快推

（二）加力推

1. 特点和作用

回球力量大、球速快，能压制对方的攻势，可迫使对方离台后退陷于被动防守局面，增加我方进攻机会。加力推与减力挡配合运用，能更有效地控制对方，取得主动。

2. 动作要领

击球前：右脚稍前或平行站立，双脚与肩同宽或略比肩宽，身体离台约 50 厘米。右手手臂自然弯曲，拍面角度稍前倾，上臂后引，前臂提起，肘关节贴近身体，球拍离台较高，将球拍引至身体前上方(图 6-19①)。

击球时：当来球跳至上升后期或高点期，上臂、前臂、手腕加速向前下方推压，腰、髋向左转动配合发力，拍面前倾击球中上部(图 6-19②)。

击球后：手臂、手腕继续向前下方随势挥动，并迅速还原(图 6-19③)。

① 击球前

② 击球时

③ 击球后

图 6-19　加力推

(三) 减力挡

1. 特点和作用

回球弧线低、落点短、力量轻，当对方离台较远时使用减力挡，可调动对方使其前后奔跑，取得主动。

2. 动作要领

击球前：右脚稍前或两脚平行站立与肩同宽，身体离台约 50 厘米。两臂自然弯曲，拍面稍前倾，不用撤臂向后引拍，前臂只作上提使拍面略高腹部放至身前(图 6-20①)。

① 击球前

② 击球时

③ 击球后

图 6-20　减力挡

击球时：当来球跳至上升期，拍面前倾击球中上部，在球拍接触球的一瞬间手臂和手腕稍向后收，以缓冲球撞击拍的力量（图 6-20②）。

击球后：手臂、手腕继续向后随势回收，并迅速还原（图 6-20③）。

（四）推下旋

1. 特点和作用

回球下旋，弧线较低，落点长，球落台后下沉快。在上旋推挡中，突然改变成下旋，对方来球力量大、旋转强时，使用推下旋将有一定困难。

2. 动作要领

击球前：右脚稍前或两脚平行站立与肩同宽，身体离台约 50 厘米。拍面角度稍后仰。上臂后引前臂上提，将球拍引至身体前上方（图 6-21①）。

击球时：当来球跳至高点前期时，拍面略微后仰，击球中部向下摩擦，上臂、前臂、手腕向前下方用力推切（图 6-21②）。

击球后：手臂、手腕继续向前下方随势挥动，并迅速还原（图 6-21③）。

① 击球前　　② 击球时　　③ 击球后

图 6-21　推下旋

（五）推挤

1. 特点和作用

回球带左侧下旋，弧线低，回击斜线角度大。由于能主动改变旋转性能、变化角度，因而增大了对方回球的难度。此外，由于触球部位是来球的旋转弱区，所以也是对付弧圈球的一种有效方法。

2. 动作要领

击球前：右脚稍前或两脚平行站立与肩同宽，身体离台约 50 厘米。拍面角度稍前倾，上臂和肘关节略向后引，前臂上提将球拍引至身体前上方（图 6-22①）。

击球时：当来球跳至上升期时，拍面稍前倾击球左侧中上部，前臂和手腕向左前下方用力推挤，同时腰部与髋关节向左转动配合发力（图 6-22②）。

击球后：手臂、手腕继续向左前下方随势挥动，并迅速还原（图 6-22③）。

① 击球前　　② 击球时　　③ 击球后

图 6-22　推挤

（六）直拍横打

1. 特点和作用

站位近，速度快，落点变化灵活，具有一定的威胁，是相持中常用的技术，是直拍反手位进攻得分的重要手段。

2. 动作要领

击球前：两脚开立略比肩宽，左脚略前以便衔接正手攻球技术，含胸收腹。手腕内屈使拍面稍前倾。右肘关节稍前顶，右前臂向身体内收，右手向左后下方引拍，引拍至左腹前，球拍不低于台面。身体重心移至左脚(图 6-23①)。

击球时：在来球跳至上升期时，右肘关节向右前上方平移，之后以右肘关节为轴，前臂、手腕、手指加速向右前上方挥动。拍形稍前倾，击球中上部，触球瞬间手腕外展，身体重心随之移至右脚(图 6-23②)。

击球后：手臂随势前送，然后迅速还原(图 6-23③)。

① 击球前　　② 击球时　　③ 击球后

图 6-23　直拍横打

推挡：横拍

二、横拍

（一）反手快拨

1. 特点和作用

站位近，动作小，球速快，线路活，主要借对方来球的反弹力量还击，是横拍选手连续相持的一项基本技术。

2. 动作要领

击球前：两脚平行站立与肩同宽，两膝微屈，重心在两脚之间，身体离台约 50 厘米（图 6-24①）。两手臂自然弯曲置于腹前，拍面稍前倾。右前臂内收，向左后下方引拍，引拍至左腹前，球拍不低于台面。此时，身体重心移至左脚（图 6-24②）。

击球时：在来球跳至上升期时，右肘关节向前平移，之后以右肘关节为轴，前臂、手腕、手指向右前上方挥动。拍形稍前倾，击球中上部，触球瞬间手腕外展。身体重心随之移至右脚（图 6-24③）。

击球后：右前臂、手腕、手指继续向右前上方随势挥拍。击球后迅速还原（图 6-24④）。

① 准备姿势

② 击球前

③ 击球时

④ 击球后

图 6-24　反手快拨

（二）反手发力拨

1. 特点和作用

具有站位近台，动作大，攻击性强等特点。在比赛中能扩大主动进攻范围，是横拍选手最常用的一种主要基础技术。

2. 动作要领

击球前：右脚稍前，同时身体左转，右肩前顶略下沉，肘关节靠近身体，上臂与前臂夹角约 130°，向左侧方引拍，使拍略高于来球。身体重心随之移至左脚（图 6-25①）。

击球时：以上臂带动前臂由左后方向右前方挥动，手腕配合外旋，在来球的上升期或高点期击球的中部或中上部。身体重心随之移至右脚。腰部向右转动配合发力（图 6-25②）。

击球后：前臂随势前送，并迅速还原（图 6-25③）。

① 击球前 ② 击球时 ③ 击球后

图 6-25 反手发力拨

三、练习步骤

推挡技术的练习顺序，直拍：快推—加力推—减力挡；横拍：快拨—发力拨。

1. 初次学习推挡时，按照推挡技术的动作结构做台下徒手模仿练习。

2. 两人站在左半台先进行一发一推的练习，开始时击球的力量不要太重，等熟练以后再慢慢进行加力练习。

3. 两人先以推斜线为主，然后再推直线；先推定点，再推不定点。

四、易犯错误和纠正方法

1. 易犯错误：推挡时直握拍的大拇指和食指同时用力，容易造成拍形过于后仰，影响推挡的成功率；纠正方法：推挡时主要是食指要用力，大拇指应放松，这样才能控制好拍形，使球不容易出界。

2. 易犯错误：推挡的击球点不稳定；纠正方法：要注意调整好球的快与慢、高与低的击球时机。

3. 易犯错误：击球时肘关节远离了身体的位置；纠正方法：肘关节应自然放松靠近身体。

4. 易犯错误：推挡动作过大，还原过慢，导致第二板来不及；纠正方法：应注意推完一板球后，手臂迅速还原放至准备前的位置。

攻球

第七节　攻 球 技 术

攻球是乒乓球技术中最重要的基本技术，是进攻型选手在比赛中争取主动、克敌制胜的主要手段。攻球可分为正手攻球、反手攻球和侧身攻球，在每一部分技术中又分为快攻、快点、快拉、快带、突击、扣杀、中远台攻球、杀高球等各种技术。作为以进攻打法为主的运动员，必须要掌握较为全面的攻球技术，而且特长要突出，这样才能在比赛中获得主动。

一、正手快攻

1. 特点和作用

具有站位近、动作小、出手快、可借力还击等特点，与落点变化相结合，可调动对手，伺机进行扣杀。

2. 动作要领

击球前：左脚稍前，身体离台约 50 厘米。两手臂自然弯曲置于腹前，右手臂自然弯曲并做内旋(图 6-26①)。身体稍向右后方转动，将球拍引至身体右侧方，前臂在大臂的带动下，拍面稍前倾，重心随之移至右脚(图 6-26②)。

击球时：当来球跳至上升期，拍面稍前倾击球中上部。持拍手由右侧向左前上方挥动，在上臂带动下前臂做内收及旋内运动，身体重心由右脚移至左脚(图 6-26③)。

击球后：右手臂继续向左前上方顺势挥拍，挥拍至左额的前方后迅速还原(图 6-26④)。

二、正手中台攻

1. 特点和作用

站位稍远，照顾范围大，主动发力击球，力量重、动作大。对攻中力量配合落点变化能争取主动或直接得分，被动防御时也可以用这种打法进行反击。

2. 动作要领

击球前：左脚稍前，离台约 70 厘米。手臂自然弯曲并做内旋，使拍面接近垂直(图 6-27①)。随着腰、髋向右转动，手臂大幅度向后移动将球拍引至身体右后方(图 6-27②)。

① 准备姿势

② 击球前

③ 击球时

④ 击球后

图 6-26　正手快攻

① 准备姿势

② 击球前

③ 击球时

④ 击球后

图 6-27　正手中台攻

击球时：当来球跳至下降前期，上臂带动前臂同时加速向左前上方挥动，腰、髋向左转动配合发力，拍面接近垂直击球中部并向上摩擦（图 6-27③）。

击球后：手臂继续向左前上方随势挥动，迅速还原成击球前的准备姿势（图 6-27④）。

三、正手扣杀半高球（高球）

1. 特点和作用

具有动作幅度大、力量重的特点，是还击半高球或高球的一种主动进攻技术。在比赛中，是直接得分或压制对方攻势的有效技术手段。

2. 动作要领

击球前：左脚稍前，站位根据来球调整离台距离。两手微屈放至胸前，左手握拳，右手臂稍内旋使拍面前倾（图 6-28①）。腰和髋充分右转，重心移至右脚，右手臂自然伸展，尽量向身体右后上方引拍，增大击球距离，手臂内旋使拍面前倾（图 6-28②）。

击球时：当来球升至或下降至头肩之间高度时，腰和髋带动右臂向左前下方发力，拍面前倾击球中上部，重心移至左脚（图 6-28③）。

击球后：在腰和髋带动下，右臂加速向左前下方发力，随势挥拍动作较大，之后迅速还原（图 6-28④）。

① 准备姿势

② 击球前

③ 击球时

④ 击球后

图 6-28　正手扣杀半高球（高球）

四、正手突击球

1. 特点和作用

正手突击球具有动作小、速度快、突然性强的特点，是中国正胶快攻打法的一项独有技术，是对付下旋球时所采用的一项主动进攻技术。

2. 动作要领

击球前：站位近台，左脚稍前，右脚稍后。两手臂微屈置于腹前方，左手握拳，右前臂内旋使拍面垂直（图 6-29①）。腰略向右转，引拍至身体右侧，右手大臂与身体约两拳距离。右前臂根据来球的旋转强度来调整拍面角度，下旋弱时前臂内旋使得拍面垂直，下旋强时前臂外旋使得拍面稍后仰（图 6-29②）。

击球时：根据球旋转强度来调整拍面角度。当下旋弱时，拍面垂直，击球中部；当下旋强时，拍面稍后仰，击球中下部。来球跳至高点期时，身体向左转动，持拍手从右侧向左前上方挥动，在上臂带动下前臂做内收及旋内运动（图 6-29③）。

击球后：上臂带动前臂继续加速向左前上方发力，随势挥拍动作较小，之后迅速还原。身体重心由右脚移至左脚（图 6-29④）。

① 准备姿势

② 击球前

③ 击球时

④ 击球后

图 6-29　正手突击球

五、正手快带

1. 特点和作用

具有速度快、弧线低、落点变化多、借力还击的特点，是对付弧圈球的一项重要技术。

2. 动作要领

击球前：左脚稍前，站位离台约 50 厘米(图 6-30①)。手臂自然弯曲至身体的右前方，引拍幅度极小，拍面前倾且高于来球，手腕保持稳定(图 6-30②)。

击球时：在腰和上臂的带动下，在来球的上升期击球中上部，前臂快速向左前方挥动(图 6-30③)。

击球后：手臂继续向前上方随势挥动，迅速还原成击球前的准备姿势(图 6-30④)。

① 准备姿势　② 击球前　③ 击球时　④ 击球后

图 6-30　正手快带

六、练习步骤

学习攻球技术的顺序：近台上旋攻球—中台攻—下旋拉球—正手突击球—正手扣杀半高球(高球)。

1. 初次学习正手攻球时，按照正手攻球技术的动作结构做台下徒手模仿练习。

2. 两人站在右半台先进行一推一攻的练习，开始时击球的力量不要太重，等熟练以后再慢慢进行发力练习。

3. 先攻打斜线，再攻打直线；先练右半台定点，再练右半台不定点。

七、易犯错误和纠正方法

1. 易犯错误：手臂向后引拍过大，前臂动作向前推；纠正方法：应将手臂自然放松，小臂向左前方挥拍。

2. 易犯错误：挥拍过程中肘关节抬起；纠正方法：击球时手臂应自然放松，随着前臂向左前上方挥拍。

3. 易犯错误：击球时拍形过于后仰；纠正方法：应纠正击球部位、调整拍面角度及用力方向。

4. 易犯错误：身体正对球台，没有转腰；纠正方法：身体应稍右侧，提前做好引拍，并注意重心转换。

第八节　搓球技术

搓球是有较长历史的一项乒乓球基本技术。搓球是以类似削球的动作回击对方发出来的或削过来的下旋球，亦称“小削板”。它与削球的主要区别是站位近、动作小、回击短球时采用。由于具有旋转、速度、落点的变化，常用于接发球或搓球过渡，为进攻创造机会。按搓球时间不同，分慢搓和快搓；按搓球的落点不同，分搓长球和摆短；按搓球旋转性能不同，分搓转与不转、搓侧旋球等。

搓球：慢搓

一、慢搓

（一）反手慢搓

1. 特点和作用

反手慢搓技术动作幅度较大、回球速度较慢，稳健性较强，是回击一般下旋球的一项过渡性技术。

2. 动作要领

击球前：左脚稍前或两脚平站，站位近台。横握者的前臂和手腕内旋使拍面后仰，直握者的前臂和手腕外旋使拍面角度后仰（图 6-31①）。持拍手的前臂向左后上方上提，直拍手腕适当做屈，横拍手腕适当外展。此时，身体重心移至左脚（图 6-31②）。

击球时：当来球跳至下降前期，前臂和手腕加速向右前上方挥动，直拍手腕做伸，横拍手腕做内收，用球拍的下半部用力摩擦球的中下部，身体重心随之移至右脚（图 6-31③）。

击球后：前臂随势前送，之后迅速还原。主要以前臂、手腕发力（图 6-31④）。

① 准备姿势

② 击球前

③ 击球时

④ 击球后

图 6-31　反手慢搓

（二）正手慢搓

1. 特点和作用

与反手慢搓技术基本相同。

2. 动作要领

击球前：右脚稍前，站位近台。腰和髋略向右转，前臂和手腕外旋使拍面后仰（图 6-32①）。身体重心落在右脚。持拍手前臂向右上方上提，提起的高度与水平面形成的角度约为 30°，同时直拍手腕做伸，横拍手腕做外展（图 6-32②）。

击球时：当来球跳至下降前期，前臂和手腕加速向左前下方用力，用球拍的下半部用力摩擦球的中下部，此时直拍手腕做屈，横拍手腕做内收（图 6-32③）。

击球后：前臂随势前送，之后迅速还原（图 6-32④）。

① 准备姿势

② 击球前

③ 击球时

④ 击球后

图 6-32　正手慢搓

二、搓转与不转

(一) 反手搓转与不转

搓球：转与不转

1. 特点和作用

用相似的手法搓出转与不转两种旋转的球来迷惑对方。与其他搓球技术结合使用，是各种类型打法选手争取主动的过渡手段，也是组成搓攻战术的主要技术，具有旋转强度差异大的特点。

2. 动作要领

击球前：右脚稍前，站位近台(图 6-33①)。手臂自然弯曲，手腕适当放松，后拍引至腹前(图 6-33②)。

击球时：在来球的上升期击球，搓转球时拍面稍后仰，用球拍的下半部摩擦球的中下部(图 6-33③)；搓不转球时拍面后仰角度减小，用球拍的中部碰撞球的中下部(图 6-33④)。

击球后：前臂随势前送，迅速还原成击球前的准备姿势(图 6-33⑤)。

① 准备姿势

② 击球前

③ 击球时(用球拍的下半部摩擦球的中下部)

④ 击球时(用球拍的中上部碰撞球的中下部)

⑤ 击球后

图 6-33　反手搓转与不转

(二) 正手搓转与不转

1. 特点和作用

与反手搓转与不转基本相同。

2. 动作要领

击球前：右脚稍前，站位近台(图 6-34①)。腰和髋略向右转，前臂和手腕外旋使拍面后仰。身体重心落在右脚。持拍手前臂向右上方上提，提起的高度与水平面形成的角度约为 30°，同时直拍手腕做伸，横拍手腕做外展(图 6-34②)。

击球时：在来球的上升期击球，搓转球时拍面稍后仰，用球拍的下半部摩擦球的中下部(图 6-34③)；搓不转球时拍面后仰角度减小，用球拍的中上部碰撞球的中下部(图 6-34④)。

击球后：前臂随势前送，迅速还原成击球前的准备姿势。

① 准备姿势

② 击球前

③ 击球时(搓不转球时用球拍的中上部碰撞球的中下部)

④ 击球时(搓转球时用球拍的下半部摩擦球的中下部)

图 6-34 正手搓转与不转

三、搓球摆短

（一）反手摆短

1. 特点与作用

具有动作小、出手快、回球短的特点，以求达到弧线低、落点短、出现球过网后不大向前“走”的效果，给对方的抢攻、抢拉、抢冲等制造障碍，是用来对付近网下旋来球的一种技术。

2. 动作要领

击球前：身体向前移动，靠近球台，球拍略向左后引至腹前，拍面稍后仰（图 6-35①）。

击球时：在来球的上升前期，手腕要相对固定，主要借助来球的反弹力，前臂向右前下方挥动，给球一个向下的力，用力不要前送，身体重心要迎前（图 6-35②）。

击球后：随势挥拍动作不宜过大，迅速还原（图 6-35③）。

① 击球前

② 击球时

③ 击球后

图 6-35　反手摆短

（二）正手摆短

1. 特点与作用

与反手摆短基本相同。

2. 动作要领

击球前：右脚向前移动，身体靠近球台（图 6-36①）。球拍向右侧后方引，拍面稍后仰

（图 6-36②）。

击球时：在来球的上升前期，手腕要相对固定，主要借助于来球的反弹力，给球一个向下的力，用力不要前送，身体重心要迎前（图 6-36③）。

击球后：随势挥拍动作不宜过大，迅速还原（图 6-36④）。

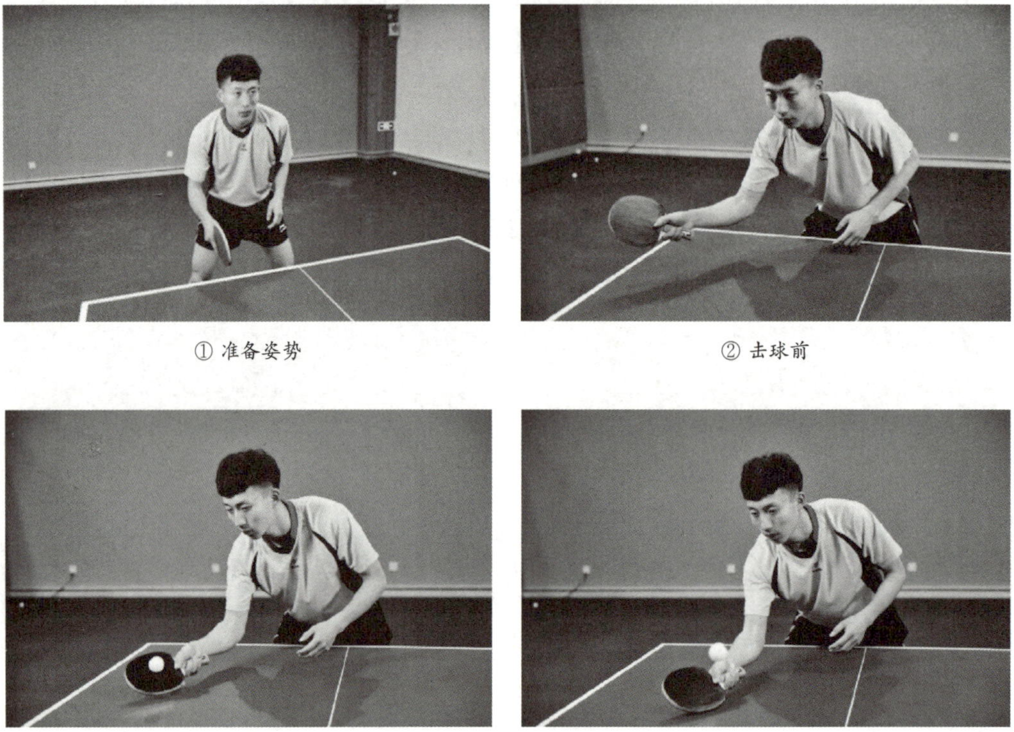

① 准备姿势　② 击球前

③ 击球时　④ 击球后

图 6-36　正手摆短

四、练习步骤

学习搓球技术的顺序：慢搓—搓加转球—搓不转球，先学反手位搓球，再学正手位搓球。

1. 初次学习搓球时，按照搓球技术的动作结构做台下徒手模仿练习。

2. 一抛一搓，向自己球台端线抛球，当球弹起略高于网时，将球向前下方摩擦搓送过去。

3. 两人站在左半台先进行对搓练习，开始搓球时手腕摩擦球的时间要长些，尽量把球往前下送出去，搓球熟练以后可以慢慢加快速度进行练习。

五、易犯错误和纠正方法

1. 易犯错误：搓出去的球下旋不强；纠正方法：应注意球拍触拍部位和摩擦球的力度是否到位。

2. 易犯错误：搓出去的球弧线偏高；纠正方法：应调整拍形后仰角度来压低弧线。

第九节　弧圈球技术

弧圈球是一种将力量速度和旋转结合为一体的进攻技术，是比赛中的主要得分手段，弧圈球的发展历史不算长，但其发展速度却非常快，特别是欧洲选手运用正反手两面拉弧圈球，力争主动，快冲突破，低拉高打，进一步提高了弧圈球在比赛中的作用，弧圈球技术的出现和发展也促进了快攻打法、削球打法以及其他打法的变化和发展。弧圈球技术可分为正手弧圈球技术和反手弧圈球技术，根据弧圈球技术的旋转特征可分为加转弧圈球、前冲弧圈球和侧旋弧圈球。

一、加转弧圈球

弧圈球：
加转弧圈球

（一）正手加转弧圈球

1. 特点和作用

具有球速慢、飞行弧线高、上旋力强等特点。球着台后下滑速度较快，击出的球第一弧线较高，第二弧线较低，是对付下旋球时最常用的进攻技术。

2. 动作要领

击球前：左脚稍前，站位近台。两手微屈放至腹前，右手臂稍内旋使拍面稍前倾（图6-37①）。身体向右后下方转动，右肩下沉，右手臂自然下垂并向右后下方引拍，重心在右脚上。同时，直握的手腕伸展，横握的手腕内收（图6-37②）。

① 准备姿势

② 击球前

③ 击球时

④ 击球后

图6-37　正手加转弧圈球

击球时：当来球跳至下降前期，右脚提踵、前脚掌蹬地，腰、髋向左侧上方转动，重心移至左脚。上臂带动前臂、手腕、手指加速向左前上方挥动。触球时，拍面稍前倾击球的中部偏上的位置，在摩擦球的瞬间收缩前臂加大摩擦力（图 6-37③）。

击球后：右手臂继续向左前上方随势挥拍至左额上方，由右脚转向左脚，之后迅速还原至准备姿势（图 6-37④）。

（二）反手加转弧圈球

1. 特点和作用

与正手拉加转弧圈球技术基本相同。

2. 动作要领

击球前：右脚稍前或双脚平站，两手微屈放至腹前，右手臂稍外旋、手腕内收，拍面稍前倾（图 6-38①）。腰、髋向左后下方转动，右肩下沉，右手臂自然下垂向左腹下方引拍，右肘关节稍向前顶出，重心在左脚上（图 6-38②）。

击球时：当来球跳至下降前期，左脚提踵、前脚掌蹬地，腰、髋向右侧上方转动，身体重心移至右脚。右肘关节向右前上方平移，之后以右肘关节为轴，上臂带动前臂、手腕、手指加速向右前上方挥动。直握手腕伸展，横握的手腕外展。触球时，拍面稍前倾击球的中部偏上的位置，在摩擦球的瞬间迅速打开前臂、手腕增强摩擦力（图 6-38③）。

击球后：右手臂继续向右前上方随势挥拍至右额上方，之后迅速还原（图 6-38④）。

① 准备姿势

② 击球前

③ 击球时

④ 击球后

图 6-38　反手加转弧圈球

二、前冲弧圈球

弧圈球：
前冲弧圈球

（一）正手前冲弧圈球

1. 特点和作用

具有球速快、弧线低、上旋强、着台后前冲力大等特点，是对付发球、搓球、削球以及在相持中最常用、最有效的进攻技术。

2. 动作要领

击球前：左脚稍前，站位近台，两手微屈放至腹前，右手臂稍内旋使拍面稍前倾（图 6-39①）。身体略向右后下方转动，右手臂自然下垂向右后下方引拍，引至腰部高度，重心在右脚上，手臂稍内旋使拍面稍前倾，角度略大（图 6-39②）。

击球时：当来球跳至上升后期或高点期，腰、髋在左侧转动，重心迅速转至左脚。上臂带动前臂、手腕、手指加速向左前上方挥动。同时，直拍手腕做伸，横拍手腕做外展。触球时，拍面稍前倾，角度略大一些，触拍中上部，摩擦球的中上部（图 6-39③）。

击球后：右手臂继续向左前上方顺势挥拍，挥拍至左额前方，之后迅速还原（图 6-39④）。

① 准备姿势

② 击球前

③ 击球时

④ 击球后

图 6-39　正手前冲弧圈球

（二）反手前冲弧圈球

1. 特点和作用

与正手拉前冲弧圈球技术基本相同。

2. 动作要领

击球前：右脚稍前或平站，站位近台，两手微屈放至腹前，手臂稍外旋、手腕内收使拍面稍前倾角度略大一些（图 6-40①）。腰、髋向左后下方转动，右手臂自然下垂向左腹后方引拍，重心在左脚上。右肘关节稍向前顶出（图 6-40②）。

击球时：当来球跳至上升后期或高点期，左脚提踵、脚掌蹬地，腰、髋在右侧上方转动，重心随之移至右脚。右肘关节向右前上方平移，之后以右肘关节为轴，上臂带动前臂、手腕、手指加速向右前上方挥动。同时，直拍手腕做伸，横拍手腕做外展。触球时，拍面稍前倾，角度略大一些，击球中上部，在摩擦球的瞬间迅速打开前臂、手腕增强摩擦力（图 6-40③）。

击球后：右手臂继续向右前上方顺势挥拍，挥拍至右额前方，之后迅速还原（图 6-40④）。

① 准备姿势

② 击球前

③ 击球时

④ 击球后

图 6-40　反手前冲弧圈球

三、练习步骤

学习弧圈球技术的顺序：拉加转弧圈球—前冲弧圈球，先学拉正手位，再学拉反手位；先学拉下旋球，再学拉上旋球。

1. 初次学习弧圈球时，按照弧圈球技术的动作结构做台下徒手模仿练习；

2. 两人练习时，一方搓球至右边，练习方在右方位进行拉球的练习；

3. 先拉斜线，再拉直线。

四、易犯错误和纠正方法

1. 易犯错误：拉加转弧圈球时击球的作用力靠近球心；纠正方法：击球的作用力应远离球心，加大力臂才能增大击球的上旋强度。

2. 易犯错误：拉球时，经常出现拉漏和碰拍边的现象；纠正方法：应防止拍面过于垂直、击球时间太晚球已下降、向前上方用力不够。

3. 易犯错误：拉球时手臂僵硬，动作的幅度较小；纠正方法：手臂引拍时应放松，适当加大动作的幅度。

4. 易犯错误：整个手臂用力的方向不一致；纠正方法：拉球时整个手臂、腰和腿应力量集中使用在击球的一刹那。

第十节　削球技术

削球是削攻型打法的一项重要技术，它是通过旋转和落点变化来控制对方，使对方直接失误或为自己创造进攻机会，在乒乓球运动的发展历程中，削球打法作为一种主要的打法类型始终在世界乒坛占有重要的地位。中国削球打法在技术上经历了由以“稳、低、转、攻”为指导思想到以“转、稳、低、变、攻”为指导思想的发展过程，逐步明确了在削球打法的技术指导思想中旋转变化和落点变化的重要作用，这一指导思想代表了削球打法在技术上的发展方向。

削球：
中近台削球

一、正手削球

（一）正手中近台削球

1. 特点和作用

具有站位较近、动作较小、击球点稍高、回球速度快、弧线较低等特点，主要用于削接对方旋转稍弱的球，配合落点变化可调动对方。

2. 动作要领

击球前：左脚稍前，身体离台约 70 厘米，两膝微屈，身体略向右转，重心在右脚上，手臂外旋使拍面角度稍后仰，身体向右偏斜，手臂向右上方移动，前臂提起，握拍手腕做外展，将球拍引至身体右上方（图 6-41①）。

击球时：前臂向右后上方引拍（约比肩高），拍形后仰，在来球的下降前期击球中下部，以前臂发力为主，带动手腕内收向左前下方摩擦球，身体重心从右脚移至左脚（图 6-41②）。

击球后：手臂继续向左前下方随势挥拍，身体重心迅速还原（图 6-41③）。

① 击球前　　② 击球时　　③ 击球后

图 6-41　正手中近台削球

（二）正手削加转弧圈球

削球：
削加转弧削球

1. 特点和作用

来球旋转强，弧线曲度大，所以削球时击球时间晚、击球点低、动作大，利用来球向上反弹力形成自然回球弧线，借助腰、膝力量向下发力。

2. 动作要领

击球前：左脚稍前，站位离台 1 米以外，身体略向右转，重心在右脚上。手臂自然弯曲，将球拍引至身体的右后上方，引拍幅度较大（图 6-42①）。

① 击球前　　② 击球时　　③ 击球后

图 6-42　正手削加转弧圈球

击球时：拍面稍竖立，在来球的下降后期以上臂带动前臂向前下方发力，先压、后削、再送，击球的中部或中部偏下位置，身体重心移至左脚（图 6-42②）。

击球后：手臂继续向前下方随势挥拍，然后迅速还原成准备姿势（图 6-42③）。

（三）正手削前冲弧圈球

削前冲弧圈球

1. 特点和作用

来球上旋强，弧线曲度小，所以削球时站位远、击球时间晚、击球点低、动作大，利用来球前进力和借助腰、膝的力量发力。

2. 动作要领

击球前：左脚稍前，身体离台 1 米以外，手臂自然弯曲并稍外旋，使拍面角度稍后仰（与地面接近垂直），身体向右倾斜，手臂向右上方移动，前臂提起，将球拍引至身体右后上方，引拍幅度较大，距离长（图 6-43①）。

击球时：在来球跳至下降后期时，拍面稍后仰（与地面接近垂直），击球的中下部的位置，身体向左转动，在上臂带动下，前臂向前下方用力，先压、后削、再送，同时弯腰、屈膝辅助向下发力，借助来球前进力回接，击球时手腕保持相对稳定（图 6-43②）。

击球后：手臂继续向前下方随势挥拍，并迅速还原成准备姿势（图 6-43③）。

① 击球前

② 击球时

③ 击球后

图 6-43 正手削前冲弧圈球

削球：转与不转球

（四）正手削转与不转球

1. 特点与作用

具有动作相似、旋转变化大的特点，它是用相似的动作削出旋转差异较大的加转球与不转球，是削攻打法争取主动的一项主要技术。

2. 动作要领

（1）正手削加转球

击球前：左脚在前，两脚间距较大，膝关节弯曲，身体重心较低。手臂自然弯曲，将球拍引至身体的右后上方（图 6-44①）。

击球时：用球拍的左侧偏下部位触球，击球的中下部。前臂带动手腕向前下方用力摩擦击球，在下降后期摩擦球的中下部。球拍触球的瞬间，应配合做手腕下切和前臂旋外的动作，以增强旋转，调节弧线（图 6-44②）。

击球后：身体重心移至左脚，并迅速还原（图 6-44③）。

① 击球前　② 击球时　③ 击球后

图 6-44　正手削加转球

（2）正手削不转球

击球前：左脚在前，两脚间距较大，膝关节弯曲，身体重心较低。手臂自然弯曲，将球拍引至身体的右后上方（图 6-45①）。

① 击球前　② 击球时　③ 击球后

图 6-45　正手削不转球

击球时：拍形竖立或稍后仰，用球拍的左侧偏上部位触球，击球的中下部或中部偏下位置。多撞击，少摩擦，向前下方推送出去(图 6-45②)。

击球后：身体重心移至左脚，并迅速还原(图 6-45③)。

削球：
中近台削球

二、反手削球

(一) 反手中近台削球

1. 特点与作用

具有站位较近、动作较小、击球点稍高、回球速度快、弧线较低等特点，主要用于削接对方旋转稍弱的球，配合落点变化可调动对方。

2. 动作要领

击球前：右脚稍前，身体离台约 70 厘米，两膝微屈，身体略向左转，重心在左脚上，手臂内旋使拍面角度稍后仰，身体向左偏斜，手臂向左上方移动，前臂提起，握拍手做外展，将球拍引至身体左上方(图 6-46①)。

击球时：拍形稍后仰，在来球的高点期或下降前期击球的中下部，前臂带动手腕向前下方摩擦球，身体重心从左脚移至右脚(图 6-46②)。

击球后：手臂继续向右下方随势挥拍，身体重心迅速还原(图 6-46③)。

① 击球前　　② 击球时　　③ 击球后

图 6-46　反手中近台削球

(二) 反手削加转弧圈球

削球：
削加转弧削球

1. 特点与作用

来球旋转强，弧线曲度大，所以削球时击球时间晚、击球点低、动作大，利用来球向上反弹力形成自然回球弧线，借助腰、膝力量向下发力。

2. 动作要领

击球前：右脚稍前，站位离台 1 米以外，身体略向左转，重心在左脚上。手臂自然弯曲贴近身体，前臂向左后方上方引拍(图 6-47①)。

击球时：拍面稍竖立，在来球的下降后期以上臂带动前臂向前下方发力，先压、后削、再送，击球的中部或中部偏下位置，身体重心移至左脚（图 6-47②）。

击球后：手臂继续向前下方随势挥拍，然后迅速还原成准备姿势（图 6-47③）。

① 击球前　② 击球时　③ 击球后

图 6-47　反手削加转弧圈球

（三）反手削前冲弧圈球

削前冲弧圈球

1. 特点与作用

与正手削前冲弧圈球基本相似。

2. 动作要领

击球前：左脚稍前，身体离台 1 米以外，手臂自然弯曲并稍外旋，使拍面角度稍后仰（与地面接近垂直），身体向左倾斜，手臂向左上方移动，前臂提起，将球拍引拍至身体左后上方，引拍幅度较大，距离长（图 6-48①）。

① 击球前　② 击球时　③ 击球后

图 6-48　反手削前冲弧圈球

击球时：在来球跳至下降后期时，拍面稍后仰（与地面接近垂直），击球的中下部的位置，身体向右转动，在上臂带动下，前臂向前下方用力，先压、后削、再送，同时弯腰、屈膝辅助向下发力，借助来球前进力回接，击球时手腕保持相对稳定（图 6-48②）。

击球后：手臂继续向前下方随势挥拍，并迅速还原成准备姿势（图 6-48③）。

（四）反手削转与不转球

削球：
转与不转球

1. 特点与作用

具有动作相似、旋转变化大的特点，它是用相似的动作削出旋转差异较大的加转球与不转球，是削攻打法争取主动的一项主要技术。

2. 动作要领

（1）反手削加转球

击球前：右脚稍前站立，两脚间距较大，膝关节弯曲，身体重心基本置于左脚。腰部向左转，手臂向左上方引拍至约与肩同高（图 6-49①）。

击球时：在腰部转动的同时，上臂带动前臂向右前下方挥拍。拍面后仰，在下降后期摩擦球的中下部。触球瞬间手腕下切，并辅以前臂旋外的动作，以调节弧线，增强旋转（图 6-49②）。

击球后：身体重心移至右脚，并迅速还原（图 6-49③）。

① 击球前　　② 击球时　　③ 击球后

图 6-49　反手削加转球

（2）反手削不转球

击球前：右脚稍前站立，两脚间距较大，膝关节弯曲，身体重心基本置于左脚。腰部向左转，手臂向左上方引拍至约与肩同高（图 6-50①）。

击球时：拍形竖立或稍后仰，用球拍的右侧偏上部位触球，击球的中下部或中部偏下位置。多撞击，少摩擦，向前下方推送出去（图 6-50②）。

击球后：身体重心移至右脚，并迅速还原（图 6-50③）。

① 击球前

② 击球时

③ 击球后

图 6-50　反手削不转球

三、练习步骤

1. 按照削球的动作结构做台下上肢徒手模仿练习。
2. 结合步法移动做台下上、下肢徒手模仿练习。
3. 用正手或反手削斜线球。
4. 用正手或反手削直线球。
5. 正、反手左右让位削中间球。
6. 正手或反手一点削对方左、右两点，先定点后不定点。
7. 正手和反手两点削对方正手或反手一点，先定点后不定点。
8. 一方拉两条直线，另一方正手和反手削两条斜线，轮换进行。
9. 全台前、后、左、右走动中削球。
10. 按以上方法，先削一般拉球，再练削弧圈球。
11. 在稳定的基础上，按照以上方法，结合旋转加以练习。

四、易犯错误和纠正方法

1. 易犯错误：引拍不够高，直接撞击；纠正方法：前臂上引，加大击球距离。

2. 易犯错误：拍面后仰角度不够；纠正方法：调整拍面角度，加大后仰角度。

3. 易犯错误：击球后手臂立即停止不前；纠正方法：加强击球后随势挥拍练习。

4. 易犯错误：击球点不准；纠正方法：加强步法移动，每球到位。

5. 易犯错误：削弧圈球手臂发力多，腰、膝配合少；纠正方法：减小手腕发力，保持相对稳定，加大膝、腰力量。

思考题

1. 乒乓球的握拍法有哪两种？各自的优缺点有哪些？

2. 乒乓球常用的步法有哪几种？为什么说步法是乒乓球运动的灵魂？

3. 如何练好发球与接发球？简述发球的种类与接发球最常用的几种接法？如何判断对方发的转与不转球？接好左、右侧旋球的要点是什么？

4. 乒乓球基本技术主要有哪些？简述这些技术各有什么不同特点？

第七章 乒乓球战术

本章提要

乒乓球技术水平可以通过合理的战术展现出来，无论是进攻型还是防守型技术，都能在合理的战术运用下发挥出制胜效果。本章主要介绍了乒乓球战术的概念、构成以及战术体系。在此基础上，对乒乓球战术体系做了较为系统的阐述，从击球时间顺序上将战术体系划分为发球与第三拍战术系统、接发球与第四拍战术系统、相持阶段战术系统等三大战术系统，并对三大战术系统在比赛中的作用做了介绍。

学习目标

1. 了解乒乓球战术的相关概念。
2. 了解乒乓球战术的主要构成因素。
3. 掌握发球与第三拍战术系统、接发球与第四拍战术系统、相持阶段战术系统等三大战术系统的意义与应用。

第一节 乒乓球战术的概念

一、战术的概念

从广义上理解，战术是指技术、意志、智能和素质在比赛中有针对性的综合运用。战术的内容和形式在对抗性竞技项目中主要反映在对进攻和防守行动的组织上；在球类项目中，战术意图经常产生于努力把不利于对方队的打法强加给对方。

二、乒乓球战术的概念

从狭义上来说，战术主要是指根据对方的打法类型、技术特点等而采用的各种技术手段与方法。

从广义上来说，乒乓球战术是指在比赛中为战胜对手或为表现期望的比赛结果而采取的计谋和行动，是技术、意志、智能和素质在比赛中有针对性的综合运用。

运动员在比赛中，根据自己和对手的具体情况，正确而有目的地把自己所掌握的各种技术组合起来，充分发挥自己的技术风格特点，制约对方的长处，抓住对方的弱点，为战胜对方所采取的合理有效的手段和方法，就形成了战术。

战术是以基本技术和技术实力为基础的。技术掌握得全面、纯熟、实用、有质量，才能完成比赛中的战术实施。在运用战术过程中，要体现以我为主，积极主动、机动灵活的思想，打出风格，打出水平。在乒乓球比赛中，进攻与防守、主动与被动、进攻与反击经常在短时间内交替出现、相互转化。因而，平时的技术训练要在一定的战术要求下进行，要带着战术和比赛的观念去练技术，才能练得活，才能达到练以致用的目的。

第二节　乒乓球战术的构成

乒乓球战术伴有落点、旋转、速度、力量、节奏、线路与技术等变化，并带有明显攻击或限制对手的目的，是前后连续两个或两个以上技术动作的组合运用(图 7-1)。

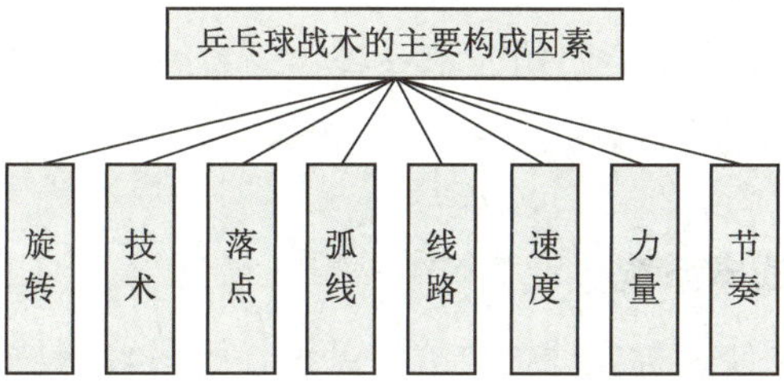

图 7-1　乒乓球战术的主要构成因素

一、发球与接发球是战术实施的起始点

“发球”是发球方战术实施的开始，运动员可以有意识地通过不同种类的发球，如不同旋转、落点、速度与节奏的球，与后续相应的战术行为相衔接，以达到克敌制胜的目的。可以说，由于发球所具有的主动性、进攻性和隐蔽性的战术特征，使它在乒乓球运动中占据着极其重要的地位。

“接发球”是接发球方战术实施的起点，接发球战术的意义包括：一是破坏对方发球的战术意图，二是为本方后续的战术使用或组织实施创造条件。随着规则的不断改变和乒乓球技术体系的发展完善，接发球不再完全受对方发球的制约，而是变为了接发球方实施战术套路的关键出发点。除了接发球抢拉、挑打、劈长、摆短等已被熟知的技术外，拧拉等台内技术的兴起与发展，也使得接发球阶段的进攻性、侵略性愈发强势，成为重要的得分战术手段。

二、控制与反控制是乒乓球比赛战术的实质

与其他球类项目相较而言，乒乓球运动最大的特点是双方运动员交替击球。因此，战术的实施过程实际上是一个控制与反控制的一个过程，这就决定了乒乓球的战术具有较大的变异性和随机性。

战术套路的变异性，即指运动员在比赛中实施预定战术套路时，每一次击球都必须根据对方回球的落点、速度、力量、弧线、旋转调整战术套路；战术套路的随机性是指运动员在很多情况下，常常是边打、边组织、边实施某一战术，在比赛中非常注重临场的战术发挥，因此具有较大的随机性。

第三节　乒乓球战术体系

在乒乓球战术体系中，根据乒乓球双方运动员交替击球的特点，可按击球的顺序将战术体系分为前三板阶段和相持阶段。同时，由于发球、接发球的区别，战术体系中存在着两大轮次——发球轮和接发球轮。所以，在此将整个乒乓球战术体系划分成为三个系统：发球及第三拍战术系统、接发球及第四拍战术系统、相持阶段战术系统。下面将通过这三个战术系统来认识乒乓球的战术内容。

一、发球及第三拍战术系统

发球及第三拍战术系统又称发球抢攻战术系统，发球抢攻是最为人所熟知的一项战术手段，在此系统中，包含了发球和第三拍抢攻两项重要战术手段。

(一) 发球战术

发球是一项基本的乒乓球技术，在乒乓球技术体系中将所有技术分为两大类——非制约性技术和制约性技术，发球技术是唯一一项不受任何干扰和对手牵制的非制约性技术，其重要程度和作用不言而喻。

旋转是乒乓球区别于其他运动项目最为显著的项目特征，在发球这一项技术中，旋转的重要性和多变性体现得尤为明显。按发球的种类分，有：正手发球、反手发球、下蹲发球、高抛发球等；按发球的旋转分，包含：左(右)侧旋发球、逆旋发球、转与不转发球等。在比赛中，要根据不同对手和情况，以及自身的打法风格，因人制宜，根据比赛时的需要制定不同发球战术，在发球的旋转和种类上做出变化。

在乒乓球的五大要素中，“落点”为变化的项目，是一种战术能力的体现。在研究发球落点时，通常将球台范围内划分为九个区域(图 7-2)：从左到右横向分为左、中、右三个区域，纵向上分为短、半长、长三个区域。根据运动员执拍手的不同，结合站位的概念，可将发球落点进入九个区域的球分别称为：反手位短球、中间短球、正手位短球、反手位半长球、中

间半长球、正手位半长球、反手位长球、中间长球、正手位长球。若再进行细致分析，可将中间落点的球以中线为界划分为中间偏反手和中间偏正手。例如，德国男子乒乓球选手波尔在右手执拍运动员比赛中，发球落点大多集中在中间偏正手短球区域。

图 7-2 是以右手执拍运动员的站位为例的落点示意图，若是左手执拍运动员，则按照左手相应的站位命名。

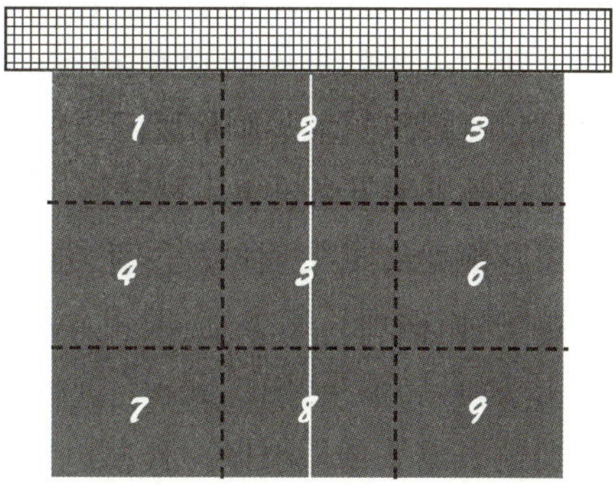

（以下区域名称以右手执拍为例）
1—反手位短球　2—中间短球　3—正手位短球
4—反手位半长球　5—中间半长球　6—正手位半长球
7—反手位长球　8—中间长球　9—正手位长球

图 7-2　发球落点划分示意图

“发球”是发球方战术实施的开始，每一场比赛它都占据着 50%左右的使用率，它的使用效果将直接关系到战术的组织与发挥。发球的战术作用一般分为发球直接得分和为下一拍主动进攻创造有利条件。

通过对世界顶尖选手多年的技战术特征进行研究和统计分析，显示他们在大量的比赛中出现过打满一场 7 局的情况，其中发球直接得分超过 11 分。也就是说一场球中，光靠发球能赢下一局比赛，由此可见发球在比赛中的重要性，以及及其主动性、进攻性的战术特征。对此，应通过强化练习，加强发球的旋转和落点变化，提高发球动作的隐蔽性，练习几套不同的发球战术，以应对比赛中的战术变化。

随着规则的不断改革，球、球拍、胶水、无遮挡发球等方面的限制，再加上接发球技术的创新与发展，使得乒乓球的旋转下降，发球的效果和优势都有所影响。大多数情况下，在无法通过发球直接得分时，需要将发球作为创造有利进攻机会的重要手段，为第三拍的主动进攻和之后形成主动相持的局面创造条件，赢得先机。

（二）发球、第三拍战术

发球、第三拍战术主要是指发球抢攻的战术，它是前三板阶段中的精华。通过发球制造有利的进攻条件，与第三拍抢攻技术相结合，先发制人，占据主动优势，或直接抢攻得分，或为连续进攻打开局面，从而形成主动相持。既能得分，亦能得势，体现出鲜明的个人战术风格。

1. 从第三拍抢攻的技术手段来看，有正手、反手和侧身进攻；有进攻台内球、半出台球和出台球，亦可进攻下旋球和上旋球；可进攻斜线也可进攻直线；能进攻对方两边大角，也能进攻中间位置。进攻技术手段、线路、落点都需要根据对方接发球的要素来进行判断和选择。如反手拧拉台内下旋短球，正手挑打台内短球，正手封（拉）下旋半出台球，正、反手抢拉下旋长球，正、反手进攻上旋长球等。

2. 配合发球形成发球、第三拍进攻套路，同时从个人类型打法特点出发。例如，发逆旋正手短球，配合正手抢拉半出台球，压制对方反手；发侧旋中间偏反手短球，配合反手拧拉对方正手大角；发反手急长球，配合正手拉上旋球，进攻对方正手。要结合自身技术特点、优势和习惯的进攻手段,形成发球抢攻战术套路。

3. 尤为重要的一点是,除发球外,接下来的任何阶段击球时都是受到对方来球制约的,虽然强调主动进攻,积极上手,但当对方回球控制严密,进攻遇到困难时,第三拍就需要加强反控制能力。这需要发球方有快速应变能力,加强回球控制的质量和变化,反过来再抑制住对手下一拍的进攻目的,同时继续为自己的下一拍进攻再次创造机会和有利条件,这就是控制与反控制的战术体现。

二、接发球及第四拍战术系统

接发球及第四拍战术系统简称二、四拍战术系统,是前三板阶段的另一组成部分,也是接发球轮中前面的关键部分。在此系统中,包含了接发球和第四拍衔接两项主要战术手段。

(一) 接发球战术

"接发球"是接发球方战术实施的起点,它同样占据了比赛中50%的使用率,但相对于"发球"而言,从接发球这一拍开始已经受到了对方来球的制约,所以一直以来被认为在战术中处于被动地位。然而在乒乓球运动高度发展的今天,一系列的竞赛规则改革对接发球技术发展产生了巨大的推动,随着反手拧拉和台内进攻技术的日趋成熟,接发球的手段、种类也不断丰富、完善。由于发球的主动性和进攻性,以往人们认为发球轮的得分率必然高于接发球轮,包括前三板直接得分和相持阶段得分,然而近几年的研究发现,在世界优秀选手比赛中,已经出现了接发球轮得分率高于发球轮的现象,因此接发球战术的作用变得日益重要,甚至成为一项强有力的得分战术手段。

接发球手段丰富,除了人们所熟知的拉冲、挑打、劈长、摆短,近年来,台内拧拉技术得到大幅发展,抢拉半出台技术也在不断完善,并且在优秀选手中使用率逐步提高。统计数据表明,目前世界超一流的高手,接发球上手进攻使用率已经达到了60%~70%。接发球在战术层面上的主动性越来越强,成为率先发动攻势的发动点。

在高水平比赛中,发球方在发球时会通过旋转和落点的变化来提高发球质量,通常以发短球为主,配合发半长球,战术需要时则突袭急长球等,旋转则是变化多端的。因此在接发球时,首先,要能迅速并且正确地对来球作出判断。其次,应建立主动意识,积极上手进攻,一方面争取直接得分,另一方面作为组织连续进攻的发动点,破坏对方发球、第三拍的战术意图。当来球旋转极强,接发球主动上手存在一定困难时,可用控制球进行一板过渡,如利用落点近、弧线低的摆短来抑制对方第三拍抢攻,等下一拍再寻找进攻机会。

(二) 接发球、第四拍战术

接发球及第四拍战术系统中重要战术套路的另一组成部分,也算作"前三板"的一部分。根据击球的排序,双方轮流击球,"第四拍"是接发球方的第二板球,但我们并不能孤立地来分析第四拍战术,应与接发球的各项因素相联系,因此将它定义为接发球后的衔接。

目前接发球技术水平不断发展，虽然上手得分率高于以往，但不能仅靠这一板制胜，一定要做好下一板的准备，将接发球和第四拍合理衔接，作为一套互相配合的战术去加以训练。长期的科研数据证明，几乎 90%的比赛中，无论本场球输赢，某一方的数据都显示，第四拍失分是整场比赛中失分最多的环节，在其他环节都发挥正常的前提下，如果某一选手在比赛中接发球和第四拍战术发挥合理，尤其是第四拍处理得当，失分较少，那么他将有较大的机会获得比赛的胜利。所以，这是一项掌握难度较高，却又极为关键的战术环节。

在接发球与第四拍的战术组合与衔接上，要与技术的发展趋势相一致，还要与相持阶段战术紧密联系，要组织合理、衔接紧凑、自然流畅。例如：接发球反手拧拉发动，反手连续主动进攻；正手抢拉半出台后侧身衔接，主动变线；接发球主动劈长后近台反拉或反撕。

三、相持战术系统

相持阶段是乒乓球比赛中一个重要的战术阶段，是指除去"前三板"后，第五拍及五拍以上的球。研究表明，比赛中前三板阶段和相持阶段的得分率是平分秋色的，二者并无明显差异，而且当某一分球进入相持阶段后，拍数增多，对运动员控制球的能力、体力、对球的判断、战术的思考和临场应变能力都有更高的要求，因此，相持阶段战术系统是乒乓球战术体系中一大重要组成部分。

第五拍和第六拍都是属于相持阶段的，但在讨论相持阶段的战术规律之前，必须将这两拍球作单独讨论。第五拍和第六拍的特殊性在于，它们是相持阶段的双方选手各自的第一板球，是对"前三板"战术的衔接，起着承上启下的作用。

当代乒乓球运动高速发展，运动员的技术质量不断提高，控制球和攻防转换能力普遍加强，且主动意识强，争抢积极，比赛中强强对抗，不再依赖于前三板一招制胜，相持球的使用率大幅增加。而从前三板向相持球过渡的关键一步就是第五、六两拍，它们必须要与第三、四拍有机结合，衔接紧凑，才能形成合理、有效的战术套路。

思考题

1. 简述乒乓球战术的概念。
2. 简述乒乓球战术的主要构成因素。
3. 简述发球与接发球在乒乓球战术中的意义。
4. 简述发球与第三拍战术系统。
5. 简述接发球与第四拍战术系统。
6. 简述相持阶段战术系统。

第八章　乒乓球双打

本章提要

双打项目是乒乓球项目中的一个种类。本章阐述了乒乓球双打的定义、重要性与意义，不同类型打法与不同执拍手配对的组合效果、准备站位等内容。

学习目标

1. 了解乒乓球双打的定义、重要性与意义。
2. 了解与掌握双打项目的配对选择与准备站位。

第一节　乒乓球双打的概念

一、双打的定义

顾名思义，乒乓球双打是指击球的双方各有两名运动员，按规则两人依次轮流击一板球的打球方式。双打是乒乓球运动中另一种重要的比赛方式，可分为男子双打、女子双打和混合双打三种比赛项目。

二、双打的重要性

在世乒赛七个项目的五个单项比赛中，双打占了三个项目；在世乒赛女团比赛中，竞赛规则规定第三场比赛依然是双打。1988 年，乒乓球被正式列为奥运会比赛项目，共设四个比赛项目，男、女团体和男、女双打，其中双打就占据了两项；直到 2008 年北京奥运会，乒乓球比赛项目改革，取消男、女双打单项比赛，改为男、女团体比赛，但在团体赛中第三场必须为双打。在与奥运会、世乒赛并称为乒乓球三大赛事的乒乓球世界杯中，男、女团体比赛的第三场也均为双打。2020 年东京奥运会，乒乓球团体赛制又迎来新的变化，即双打比赛设为首盘比赛。一旦首场双打比赛失利，将对后续单打比赛带来不小的压力。所以说，双打在乒乓球运动中的地位与单打一样，占据着十分重要的位置。

三、双打的意义

双打可以培养良好品质和团结协作精神。双打是两个人共同进行比赛的项目，首先要强调两个人的团结合作、互相配合、互相鼓励、互相谅解、互相信任。只有这样，才能在训练和比赛中做到思想上、行动上的协调一致与默契配合。

双打有助于提高身体的灵敏性和脚步移动的速度。因为在双打比赛中，由于大部分时间要在移动中击球，而且对攻多在中、远台进行，所以，双打对身体灵敏性和脚步移动速度的要求更高。

双打对技战术的运用有其独特的要求。双打的技战术建立在单打技战术的基础之上，但有较强的互补性和选择性，双打比赛对战术部署有更高的要求。

第二节 乒乓球双打的配对

一、两名进攻型打法运动员配对

(一) 一左一右执拍手的配对

一名左手执拍运动员和一名右手执拍运动员的双打配对方式是目前世界乒坛公认的双打最佳组合配对方式。由于双打发球区规定在右半区，这对左手执拍的运动员来说，能较多地使用接发球抢攻，为本方争取主动。左手进攻线路还能使对手难于防守，为同伴创造进攻机会。

一个左手握拍同一个右手握拍的攻球手配对，其基本站位分别保持在球台两侧，左手偏球台右侧，右手偏球台左侧，这样两人都便于发挥正手攻球的威力，而且在移位时又不致互相干扰，移动的范围也能缩小。两名运动员击球后分别向自己反手的一侧移动，其脚步移动的基本路线呈“八”字形。

(二) 同侧执拍手配对

两名同侧执拍手搭配也是比较常见的配对方式。一般选择一名打法凶狠和一名打法稳健的两名运动员进行搭配。如果两名运动员打法都趋于凶狠或稳健，则无谓失误就会过多或缺乏进攻的杀伤力。

同侧执拍手运动员配对时，准备接第三板或第四板球的运动员一般站位在球台的左半台后方。

二、一名进攻型打法运动员和一名削球型打法运动员配对

一攻一削配对方式在混双中较为常见。他们的活动区域较大，在进攻、防御以及攻防转换中有很大的横向和纵向的跑位空间。

一攻一削两名运动员配对时，进攻型打法运动员准备接发球或接第四板球时站位在左半台，而削球型打法运动员准备接发球或接第四板球时站位在左半台后方。

三、两名削球型打法运动员配对

两名削球型打法运动员，应该一名擅长近削变化落点，另一名擅长远削变化旋转，这样两名削球型运动员可以通过变化落点和旋转，制造出机会球从而突击反攻。

两名削球型打法运动员配对时，一个站位在前、一个站位在后，通过近台逼角、远台运用转不转，或者都运用转不转，以此得分或为同伴创造进攻机会。

思考题

1. 简述双打项目的意义。
2. 简述两名进攻型打法运动员（同侧执拍手）配对的意义与准备站位。
3. 简述两名进攻型打法运动员（异侧执拍手）配对的意义与准备站位。
4. 简述一名进攻型打法与一名削球型打法运动员（同侧执拍手）配对的意义与准备站位。
5. 简述两名削球型打法运动员（同侧执拍手）配对的意义与准备站位。

第九章　乒乓球体能训练

本章提要

良好的体能是乒乓球运动员在比赛中维持理想竞技水平的基础。随着乒乓球竞赛规则的改革，乒乓球项目对运动员体能的要求越来越高。本章介绍了乒乓球项目对体能的具体要求，在此基础上，重点阐述了乒乓球运动员应主要具备何种身体素质，以及不同身体素质在乒乓球项目中所起到的作用。此外，本章还介绍了发展不同身体素质的训练方法与手段。

学习目标

1. 了解乒乓球项目对体能的要求。

2. 掌握不同身体素质对乒乓球项目起到的作用，以及发展不同身体素质的训练方法与手段。

第一节　乒乓球体能训练

乒乓球运动员的身体素质主要有速度、力量、灵敏、耐力和柔韧五种。这五种素质影响着乒乓球运动员的身体形态和机能，也影响着乒乓球运动员技术的提高。

一、速度素质

速度素质是指人体进行快速运动的能力。速度素质的表现形式有反应速度、动作速度和移动速度三种。

(一) 反应速度

是指人体对各种刺激反应的快速应答能力。乒乓球运动员能在 0.15 秒内，根据对方的击球动作，通过视觉非常迅速、准确地判断来球的落点和旋转，同时做出相应的技术动作，例如根据对方发球的旋转变化而做出反应，如接球方法等。

（二）动作速度

是指人体或人体的一部分完成单个动作或成套动作时间的长短以及单位时间内重复动作次数多少的能力，如乒乓球运动员正手发力挥臂速度，正、反手攻球摆动的速度等。

（三）移动速度

是指人体在特定方向上位移的速度，以单位时间机体移动的距离为一定指标。从运动学上讲，是距离（s）与通过该距离所用时间（t）之比，比如乒乓球运动员从反手位移动至正手位的速度等。

二、灵敏素质

一般灵敏素质是指人体在各种突变的条件下，迅速、准确、协调地完成动作的能力，它是人的运动技能、神经反应和各种身体素质的综合表现。灵敏素质没有客观衡量标准，只有通过动作的熟练程度来显示灵敏素质的高低。

专项灵敏素质是运动员在专项运动中迅速、准确、协调地完成动作的能力，它是在一般灵敏素质的基础上，多年重复专项技术、提高专项技能的结果。灵敏素质具有明显的项目特点，乒乓球的技术动作变化迅速，要求脚的移动、身体姿势变化和反应判断等方面都表现出灵敏素质，可见这对于乒乓球运动员来说是一个非常重要的素质。灵敏素质要求运动员随机完成的应答动作在空间、时间以及用力特征上相互吻合，组配协调，它是人体力量、速度、耐力、柔韧以及协调性等能力的综合表现。

三、力量素质

力量素质是指人体肌肉工作时克服内、外阻力的能力，人体在克服这些阻力中提高、发展自身的力量素质。力量素质是竞技运动中的首要素质，对其他运动素质的发展起着积极的作用。力量素质决定速度素质的提高、耐力素质的增长，是柔韧素质的发挥和灵敏素质的表现。力量、速度的提高会增加肌肉的弹性，促进灵敏素质和柔韧素质的发展。运动员力量素质的增长，直接反映了运动技术掌握的快慢及运动成绩提高的程度。乒乓球运动中各种急停后的变相跑，是训练水平、评定参加何种等级比赛的一项重要指标，可作为判断某些专项运动潜力的一种手段，也是乒乓球运动项目选材的依据。

四、耐力素质

耐力素质是指人们长期坚持工作及人体在运动中克服疲劳的能力。在运动中，当疲劳出现时，运动速度、力量、神经肌肉的协调配合能力就会下降，从而导致灵敏性和动作准确性降低，妨碍技术水平的正常发挥，甚至造成动作失败，影响运动成绩，因此耐力素质是人体的基本身体素质之一，良好的耐力是大负荷训练后加速恢复的重要前提。

由于乒乓球运动项目的特点，打乒乓球时所需要的耐力，是一种运动节奏和强度均处于不断变化中，并与速度、力量和灵敏紧密联系的专项耐力素质。特别是当前国际乒乓球协会改用了 40+毫米的大球进行比赛，使乒乓球的运行速度和旋转强度比原来明显减弱，从而使双方运动员在比赛中的相持球回合次数明显增多。运动员要承担激烈比赛时的运动负荷，就必须具备良好的专项耐力素质。

五、柔韧素质

柔韧素质是人体的一种素质，即人体关节活动幅度的大小以及关节的韧带、肌腱、肌肉及其他组织的弹性和伸展能力。柔韧素质包括两个含义，一是关节活动幅度的大小，二是跨关节的肌肉、肌腱、韧带等软组织的伸展性。因此，柔韧素质对乒乓球技术的掌握和发挥具有重要作用。

1. 加大运动幅度，有利于肌力速度的发挥。

2. 提高关节灵活性。一是腕关节的灵活性，这对完成击球动作具有很大作用；二是下肢各关节的灵活性，对提高步法移动能力有很大作用；三是使技术动作显得轻巧、灵活，更加协调、准确。

3. 防止、减少伤病的发生，延长运动寿命。

乒乓球项目的柔韧素质主要表现为动力柔韧性和静力柔韧性。

1. 动力柔韧性，是肌肉、肌腱、韧带根据动力性技术的需要，拉伸到解剖学允许的最大限度范围，随即利用强有力的弹性回缩力来完成所要完成的动作，所有爆发力拉伸都属于动力柔韧性。

2. 静力柔韧性，是肌肉、肌腱、韧带根据静力性技术动作的需要，拉伸到动作所需要的位置角度，控制其停留一定时间所表现出来的能力。

第二节 乒乓球专项体能的训练方法与手段

一、速度素质

（一）速度素质的训练方法与手段

1. 反应速度训练

运动员首先是通过视觉的观察，其次是通过听觉对声音的辨别，经过判断迅速地做出动作。因此，反应速度练习的一个特点就是要使运动员根据信号做出迅速的反应。

（1）乒乓球步法训练

方法：运动员徒手或持拍做好准备姿势，在重心快速不停顿地交换中，按教练员的动作口号（如侧身、台前挑短球、交叉步扑正手等）做出各种步法练习迅速的反应。

手段：每次 2 组，每组间歇时间 30～60 秒，运动量的强度为极限的 85%。

（2）侧滑步移动训练

方法：运动员做侧滑步时，听教练员哨声（口令），急停后，向另一侧做出快速侧滑步移动，或两名运动员为一组，面对面做侧滑步移动，其中一名跟随对方做出同方向的快速移动。

手段：组数 2 组，每组间歇时间 30～60 秒，运动量的强度为极限的 85%。

(3) 往返跑

方法：运动员听教练员的哨声，向目的地（摸挡板）做快速起动往返跑。距离为 5 米×6 往返。

手段：每次 2 组，每组间歇时间 60～90 秒，运动量的强度为极限的 100%。

(4) 往返冲刺跑

方法：运动员可分为 2～4 人一组，在冲刺跑动时，听教练员的哨声后急停，做反方向冲刺跑动，时间为 8～10 秒。

手段：组数 3～5 组，每组间歇时间 60～90 秒，运动量的强度为极限的 100%。

(5) 各种动作的起动冲刺跑（转身起跑、俯撑起坐地起跑、躺地起跑）

方法：听到教练员信号后，迅速起身加速跑。距离 10～20 米。

手段：每次 2 组，每组间歇时间 60～90 秒，运动量的强度为极限的 100%。

(6) 起动追拍

方法：两人一组绕球台前后相距 2～3 米慢跑，后者追前者，追上并拍击其背部就停止。可以要求在 20 米以内追上，在追赶时教练员也可发出第二次信号，让运动员向后转身交换追拍。

手段：组数 1～2 组。

2. 动作速度训练

由于专项要求的不同，动作速度练习的任务和内容也有区别。动作速度的培养，必须通过技术水平的巩固与提高，以及有关身体素质的发展才能实现。

(1) 抬腿收腹原地跳

手段：每组动作 20～30 次，组数 2 组，每组间歇时间 60～90 秒，运动量的强度为极限的 80%。

(2) 双摇跳绳

手段：组数 2～3 组，每组时间 45～60 秒，每组间歇时间 2 分钟，运动量的强度为极限的 100%。

3. 移动速度训练

移动速度与人的神经过程的灵活性关系密切，神经兴奋与抑制过程灵活性越高，转换能力越强，人体两腿变换频率越高，移动速度也越快。移动速度是由各个单个动作速度和组合动作速度组合而成的。发展移动速度时要考虑反应速度、动作速度、位移速度之间的相互关系，就移动速度而言，反应速度是前提条件，动作速度则是基础。

(1) 快速滑步

方法：用持拍的手快速摸球台端线两角。

手段：每组动作15～20个来回，组数2～3组，每组间歇时间60～90秒，运动量的强度为极限的85%～100%。

(2) 左右跨跳（以1/2球台宽度为界）

方法：站在球台前，两脚以最大的步子向左或向右跨出一大步。

手段：每组动作30～40次或30～60秒，组数2～3组，每组间歇时间60～90秒，运动量的强度为极限的85%。

(3) 高抬腿跑转加速跑

方法：快速高抬腿跑10米左右，听哨声转加速跑10米左右。频率节奏及高抬腿的高度不能下降。

手段：每组动作10～15秒，组数3～5组。每组间歇时间60～90秒，运动量的强度为极限的80%。

(4) 变速跑

方法：加速跑30米，然后放松慢跑30米；或直道加速跑、弯道慢速跑。距离200～400米范围内，变速段为30米2～4次。

手段：组数1组，运动量的强度为极限的80%～100%。

(5) 30米、100米冲刺跑

手段：30米组数3～5组，100米组数1～2组，每组间隔时间3～5分钟，运动量的强度为极限的85%～100%。

(6) 接力跑20～30米

手段：组数2～3组，每组间歇时间3～5分钟，运动量的强度为极限的100%。

(7) 倒退跑接加速跑

方法：向后做倒退跑，听信号后急停做向前加速跑。

手段：每组时间10～15秒，组数2～3组，每组间歇时间60～90秒，运动量的强度为极限的85%～100%。

(8) 单脚跳

方法：距离10～20米，每5～10米变换另一条腿为一组。

手段：组数3组，每组间歇时间1～2分钟。

(二) 速度素质训练的安排及注意事项

(1) 速度训练每周可进行2次，并应安排在力量及耐力训练之前，在运动员疲劳过度或有伤病的情况下，不可进行冲刺训练。

(2) 速度训练开始前，运动员的准备活动要充分，如做慢跑、高抬腿、后踢腿以及伸展运动等，以便活动肌肉，放松关节。

(3) 速度素质训练应结合运动员的专项进行，正确选用与乒乓球专项技术结构相似的训练手段及方法。

二、灵敏素质

（一）灵敏素质的训练方法与手段

可参考速度素质的训练方法与手段。与速度素质训练不同的是可采用各种游戏方法。如：

（1）追、逐、拍、救人

方法：运动员分散站在场内，指定4名引导人为追逐者，其他队员闪躲逃跑，当有人被追上时，需马上原地站立，两手侧平举。此时，同伴可去拍肩救他，使之复活逃脱。

（2）手拉手抓人

方法：两人为一组，提高运动员的反应和协调性。

（二）灵敏素质训练安排及注意事项

（1）灵敏素质的教学在整个过程中应适当安排，使之系统化。训练时间不宜过长，练习重复次数不宜过多。

（2）在教学方法和手段上要多样化并经常改变，使运动员在运动中能够表现出准确、定向、定时的能力，同时表现出动作准确、变换迅速的能力，可以快速形成新的应答性的动作来应付突然发生的情况。

（3）在进行灵敏素质练习时，教练员应采取各种有效的方法与手段消除练习者紧张和恐惧的心理状态，从而控制运动员因心理紧张而反应迟钝、动作协调性下降状态的出现。

（4）在进行灵敏素质练习时应有足够的间歇时间，以保证有氧补充和肌肉中ATP能量物质的合成。

三、力量素质

（一）力量素质的类型

根据不同运动项目对力量素质的要求，以及力量的不同表现形式，力量素质可分为多种类型。根据肌肉收缩形式，可将其分为静力性力量和动力性力量；根据力量和体重的关系，可划分为绝对力量和相对力量；根据力量的表现，又可划分为最大力量、速度力量和力量耐力；根据和专项的关系，又可划分为一般力量和专项力量。力量素质包括最大力量、相对力量、速度力量和力量耐力四种，对乒乓球运动来说，速度力量（爆发力）、力量耐力更为重要。

1. 最大力量是个变量，一般指在各种姿势时，如在站立、坐卧、仰、蹲等身体姿势时，身体或身体某一部分所克服的最大阻力。最大力量是其他力量的基础。

2. 相对力量主要反映运动员最大力量与体重之间的关系。衡量一个人的相对力量通常采用力量体系指数，即用每公斤体重的力量来表示，也就是相对力量（指数）= 最大力量/体重（kg），在提高最大力量的同时还必须注意控制体重。

3. 速度力量也可以称作快速力量，指运动员在特定的负荷条件下所表现出来的最大动作速度，需要由速度和力量两个因素结合完成。乒乓球运动主要表现在爆发力方面，它是指运动员在最短的时间内发出最大力量的能力。

4. 力量耐力是力量和耐力的综合素质，指肌肉紧张而不降低其工作效果的能力。

（二）力量素质的训练方法与手段

1. 基础力量训练

方法：哑铃练习，转腕、弯举、推举、直臂前上举、直臂侧上举、弓身体侧上举。

手段：练习次数视运动员情况而定。

2. 专项力量训练

（1）提高速度力量及爆发力的训练方法与手段

速度力量具有速度和力量的综合特性，一般通过提高肌肉用力的能力及提高肌肉收缩的速度来提高速度力量。各种情况下的步法起动速度、挥臂速度及转体速度都需要肌肉的用力能力和肌肉的收缩速度。乒乓球运动中主要表现为起动力量和爆发力。

① 方法：利用负重双手持沙袋进行 30～50 米的冲刺跑，利用同伴各种阻力做加速跑 20～30 米，利用橡皮带做牵引跑 20～30 米。

手段：组数 3～5 组，每组间歇时间 1～3 分钟，负荷强度 30%～50%。

② 方法：跑台阶距离 10～20 米，3～5 个来回。

手段：组数 2～3 组，每组间歇时间 3～5 分钟，运动量的强度为极限的 85%～100%。

（2）提高力量耐力素质训练方法与手段

方法：手持 2.5～6 公斤哑铃做正手攻球的连续挥臂动作，持续时间 30～60 秒。

手段：组数 2～3 组，每组动作间歇时间 2～3 分钟。

3. 腹肌力量训练

（1）仰卧起坐

方法：双腿屈膝并拢，躺卧于地上，双手交叉放于胸前，利用腹肌收缩，上体继续前屈，迅速成坐姿。

手段：每组动作 20～30 次，组数 3～5 组，每组间歇时间 60～90 秒，运动量的强度为极限的 40%～50%。

（2）坐立转体

方法：依靠臀部保持平衡，双脚稍离地面，上体后仰 45°，双手置于脑后，双肘向两侧分开。双腿交替向外绕环，绕环时膝部靠向胸部。

手段：每组动作 20～30 次，组数 2～3 组，每组间歇时间 60～90 秒，运动量的强度为极限的 40%～50%。

（3）静力腹肌

方法：平躺，两腿抬起，离地面 30～40 厘米，保持平衡，持续时间 1～2 分钟。

手段：组数 3～5 组，每组间歇时间 60～90 秒，运动量的强度为极限的 70%～80%。

（4）背肌练习

方法：压住双脚，两手抱头起。

手段：每组动作10～20次，组数3～5组，每组间歇时间60～90秒，运动量的强度为极限的40%～50%。

（三）力量素质训练的安排和注意事项

力量素质训练每周可进行2～3次，或隔日练习，在运动员疲劳时不宜进行练习。

力量素质训练开始前，运动员应做好准备活动，要使肌肉充分拉长与收缩，在练习后使肌肉充分放松。力量素质训练要结合专项特点，把一般力量练习与专项力量练习密切结合起来。

四、耐力素质

（一）耐力素质的类型

按人体的生理系统分类，耐力素质可以分为肌肉耐力和心血管耐力。肌肉耐力也称为力量耐力。心血管耐力又可分为有氧耐力和无氧耐力。

1. 肌肉耐力是指肌肉长时间工作对抗疲劳的能力。

2. 有氧耐力是指人体在供氧充足的情况下克服疲劳的能力。进行有氧训练时，每分钟的心跳应是140～150次，即极限心率的60%～90%。

3. 无氧耐力是指人体在供氧不足(有氧)的情况下克服疲劳的能力。进行无氧训练时，每分钟心跳在180次以上。

（二）耐力素质的训练方法与手段

在发展耐力素质时，一般注意肌肉耐力及有氧、无氧耐力的训练。

1. 肌肉耐力训练

（1）立卧撑

方法：首先做一个俯卧撑，然后收小腿成半蹲姿势向上跳起。

手段：每组动作10～15次，组数3～5组，每组间歇时间3～5分钟，运动量的强度为极限的60%～70%。

（2）跳绳

方法：单摇，每组动作3～5分钟；双摇，每组动作1～2分钟。

手段：组数各3～5组，每组间歇时间2～3分钟，运动量的强度为极限的40%～60%。

（3）俯卧撑

手段：每组动作10～15次，组数3～5组，每组间歇时间2～3分钟，运动量的强度为极限的50%～60%。

（4）半蹲静力练习

方法：躯干伸直，屈膝约90°，成半蹲姿势静止2～5分钟。

手段：组数3～5组，每组间歇时间3～5分钟，运动量的强度为极限的40%～50%。

2. 无氧耐力训练

方法：冲刺跑，距离 50 米、100 米连续跑。

手段：组数各 2 组，运动量的强度为极限的 60%～80%。

3. 有氧耐力练习

（1）长跑

方法：距离 800 米（女）、1 000 米（男）。

手段：组数 1 组，运动量的强度为极限的 60%～70%。

（2）多球训练

方法：用多球练习做各种步法的跑动。

手段：组数 3～5 组，50～80 球为一组，每组间歇时间 3～5 分钟，运动量的强度为极限的 80%～100%。

（3）楼梯跑

方法：楼梯往返跑训练，跑步登梯然后用慢速跑回起点。

手段：时间要求 5～8 分钟，运动量的强度为极限的 50%～60%。

（三）耐力素质训练的安排和注意事项

耐力训练每节练习时间为 10～15 分钟，为增强耐力打下基础。

1. 耐力素质训练应遵循人体生长发育的规律，根据运动员的发育水平合理地安排耐力训练，如果耐力水平与生长发育水平不一致，非但不能收到良好的练习效果，还会严重地损害人体健康。如男 14～16 岁、女 13～14 岁以后进入无氧耐力的敏感发展期，这时可进行无氧耐力的练习。青春期后，负荷要求就要大得多，因此耐力练习要根据不同对象的生理、心理特点而定。

2. 耐力训练中应注重呼吸方法节奏和深度。发展耐力素质，特别是发展有氧耐力，正确的呼吸是十分重要的，因为耐力训练对氧气的需求量大，只有呼吸深，呼吸道中的二氧化碳吐得多，才能吸进更多氧气。耐力素质训练应注意呼吸的节奏与动作节奏的协调一致。

3. 根据运动员个体特点，来确定练习强度、持续时间、间歇的时间以及重复练习的次数。

4. 有氧耐力练习与无氧耐力练习相结合。有氧耐力是基础，无氧耐力的发展建立在有氧耐力提高的基础上，在发展有氧耐力过程中，穿插一些无氧耐力练习。

5. 耐力练习后要采取有效的措施和手段，使疲劳的肌肉及神经系统得以放松，及早消除疲劳，为下次练习创造条件。

五、柔韧素质

（一）柔韧素质的训练方法与手段

柔韧素质的训练方法主要有两种，即主动或被动形式的静力能力拉伸法和主动或被动形式的动力能力拉伸法。这两种训练方法的特点都是在“力”的拉伸作用下，有节奏地逐渐加大动作幅度或多次重复同一动作，使软组织逐渐地或持续地受到被拉长的刺激。

1. 主动或被动的静力拉伸

是指缓慢的将肌肉、肌腱、韧带拉伸到酸、胀、痛的感觉位置并略微超过，然后停留一定时间的练习方法。这种方法可减少或消除超过关节伸展能力的危险，防止拉伤。由于拉伸缓慢，不会发生牵张反射。一般要求在酸、胀、痛的位置停留 8～10 秒，重复 3～5 次。

2. 主动或被动的动力拉伸

主动的动力性拉伸方法是靠自己的力量拉伸，被动的动力性拉伸方法是靠同伴的帮助或负重借助外力的拉伸，但外力应与运动员被拉伸的可能伸展能力相适应。方法如：双人搭肩，屈体压肩；并肩站立，头上手拉手，同时做侧弓步；背手站立，头上手拉手，同时向前做弓箭步等。当采用有节奏的、速度较快的、幅度逐渐加大的、多次重复一个动作的拉伸方法时，用力不宜过猛，幅度一定要由小到大，先做几次小幅度的预备拉长，然后再加大幅度，以免拉伤。每个练习重复 3～5 次。

（1）三头肌头上伸展

方法：站立，抬臂向上伸展。屈肘，用另一只手抓住肘部，向内、向下牵引直至上臂后侧感到伸展为止。

手段：牵引持续 7～10 秒，要保持身体不前倾。要注意双臂向后伸展不能过度。

（2）内收肌水平牵引

方法：坐着或站着，将一只手臂搭在身体一侧的肩上，用另一只手臂推压肘部横向牵引，再用另一手臂重复这一动作。一只手臂搭在身体一侧的肩上时可伸直手臂向内转，手心向外，拇指对着地面，用手臂推压肘部，牵引肩背，即可达到伸展目的。

手段：持续 7～10 秒，重复 3 次，两种动作为一组，换另一只手臂重复一组练习。

（3）举臂

方法：双臂身前平举，手心向上。

手段：用一只手向后、向下伸展腕关节，持续 7～10 秒，重复 3 次；向前、向上伸展腕部，保持 7～10 秒，重复 3 次。两种动作为一组，换另一只手臂重复一组练习。

（4）身前直臂重复练习

方法：掌心朝下，用一只手向前、向下伸展腕关节。

手段：持续 7～10 秒，重复 3 次；换另一只手向前、向下伸展腕关节，持续 7～10 秒，重复 3 次。

（5）腰脊

方法：仰屈体，背着地仰卧，双臂向胸前抱膝。

手段：持续 7 秒钟，重复 3 次；也可调换姿势，下蹲做此练习，握一根立柱做深蹲动作更为容易。

（二）柔韧素质训练安排及注意事项

柔韧素质训练主要放在课前的准备活动和课后的放松阶段。上课前做柔韧素质训练是使肌肉、肌腱、韧带充分伸展，以防伤病；课后的柔韧练习是使各关节充分放松、消除疲劳。

1. 循序渐进，持之以恒。由于肌肉、韧带等软组织的伸展性并不是一两天就能得到提高的，因此，柔韧训练应坚持系统化、经常化，要循序渐进，不能急于求成。

2. 柔韧训练要防止受伤，在拉长肌肉的过程中不宜用力过猛，当受伤或感觉疼痛时，不要继续伸展。要了解运动员的个性特征，及时注意他们的练习反应，合理地加力与减力。

思考题

1. 乒乓球运动对身体素质有哪些要求？
2. 提高速度素质的方法有哪些？
3. 提高灵敏素质的方法有哪些？
4. 提高力量素质的方法有哪些？
5. 提高耐力素质的方法有哪些？
6. 提高柔韧素质的方法有哪些？

第十章　乒乓球准备活动与整理活动

本章提要

适宜的准备活动可以使乒乓球运动员的身体机能尽快进入训练或比赛的状态；适时的整理活动可缓解乒乓球运动员在训练中产生的疲劳，减少运动损伤的发生。本章主要介绍了乒乓球项目准备活动与整理活动的具体方法与手段。

学习目标

1. 了解准备活动在乒乓球项目中的意义。
2. 掌握乒乓球项目准备活动的具体方法与手段。
3. 了解整理活动在乒乓球项目中的意义。
4. 掌握乒乓球项目整理活动的具体方法与手段。

乒乓球
准备活动

第一节　乒乓球准备活动

准备活动对于乒乓球比赛非常重要，因为乒乓球是一项小球运动，对于身体肌肉的协调性十分依赖，所以准备活动应做充分，包括身体各部位肌肉和技术的热身。准备活动可以先进行韧带轻微的拉伸，然后进行适当的慢跑，在慢跑的过程中可以进行一些带有跳跃的动作。待慢跑结束后，再进行更大运动量的拉伸，直至身体各个小肌肉群完全活动开，方可上台进行有球活动，有球活动可以先进行定点的一些基本功练习，再进行一些不定点的跑动练习，正常的准备活动时间控制在 10～15 分钟，其中有球活动要控制在 5 分钟左右。

准备活动一般采用动态拉伸，每节运动四个八拍。

一、第一节　头部运动

要求：动作两拍一换，前两个八拍前后左右，后两个八拍顺时针旋转和逆时针旋转（图 10-1）。

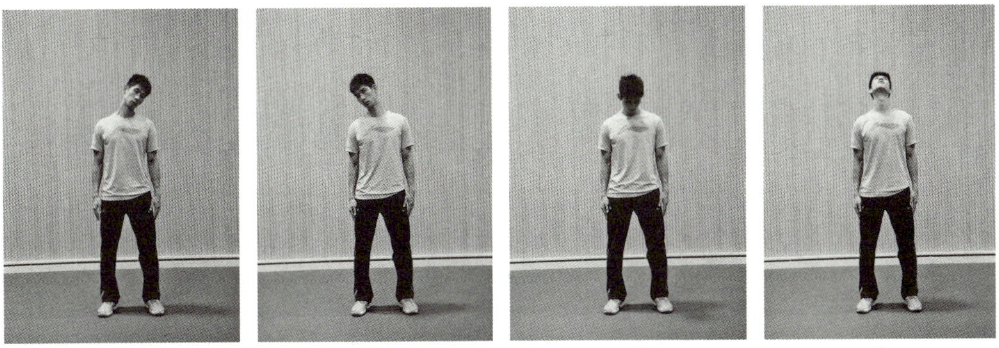

①　②　③　④

图 10-1　头部运动

二、第二节　扩胸运动

要求：动作两拍一换，完成四个八拍(图 10-2)。

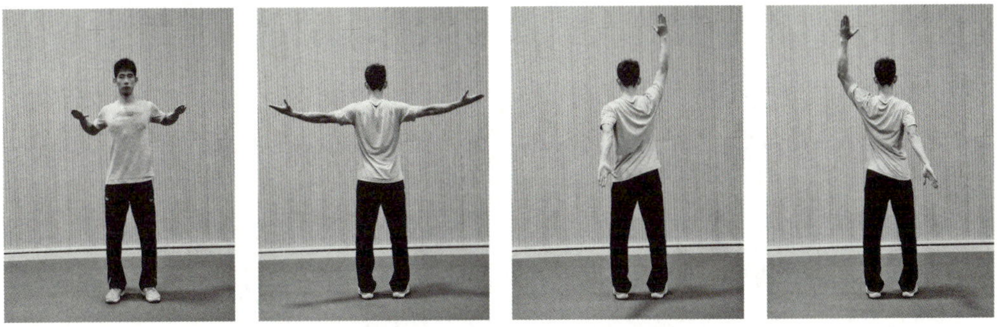

①　②　③　④

图 10-2　扩胸运动

三、第三节　肩部绕环

要求：前两个八拍由后往前绕环，后两个八拍由前往后绕环(图 10-3)。

①　②　③　④

图 10-3　肩部绕环

四、第四节　水平转体

要求：两脚分开，微微下蹲，双手侧举水平旋转，两拍一换(图 10-4)。

①　　②

图 10-4　水平转体

五、第五节　弓步压腿

要求：两脚尽量分开，重心在中间，腰背绷直，前后移动髋关节，两个八拍一换(图 10-5)。

①　　②

图 10-5　弓步压腿

六、第六节　侧弓步

要求：两脚分开，侧移动髋关节下压，上身腰背绷直，两个八拍一换(图 10-6)。

七、第七节　膝关节活动

要求：双手放膝关节上部，膝关节上下左右屈伸，两拍一动(图 10-7)。

①　　②

图 10-6　侧弓步

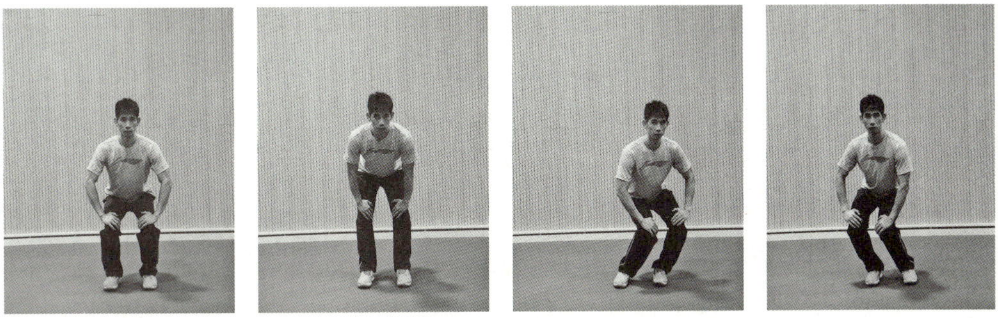

①　　②　　③　　④

图 10-7　膝关节活动

八、第八节　手腕脚踝绕环

要求：双手十指交叉绕环，一侧脚以脚尖为轴绕环，两个八拍一换(图 10-8)。

①　　②

图 10-8　手腕脚踝绕环

九、第九节　拉伸小腿

要求：俯卧双手撑地，两腿伸直，前脚掌触地，重心后移，两个八拍一换（图 10-9）。

①

②

图 10-9　拉伸小腿

十、第十节　分腿压肩

要求：分腿屈膝下蹲，脚尖向外，双手放在膝关节上面，一侧肩关节旋转下压，四拍一换（图 10-10）。

①

②

图 10-10　分腿压肩

十一、第十一节　肩关节水平侧拉

要求：一手反方向侧举，另一手弯曲固定，上身往侧举方向微旋转，一个八拍一换（图 10-11）。

①

②

图 10-11　肩关节水平侧拉

第二节　乒乓球整理活动

整理放松是运动后进行的放松活动，使人从运动到停止运动之间有一个缓冲、整理的过程。舒展的慢动作和正确的气息运用可以使紧张的肌肉逐渐放松，过速的脉搏逐渐减慢，恢复正常。

一、伸展牵拉放松

(一) 第一节　放松慢跑

要求：身体放松，往前、往后慢跑，跑动过程中抖动手臂和大腿(图 10-12)。

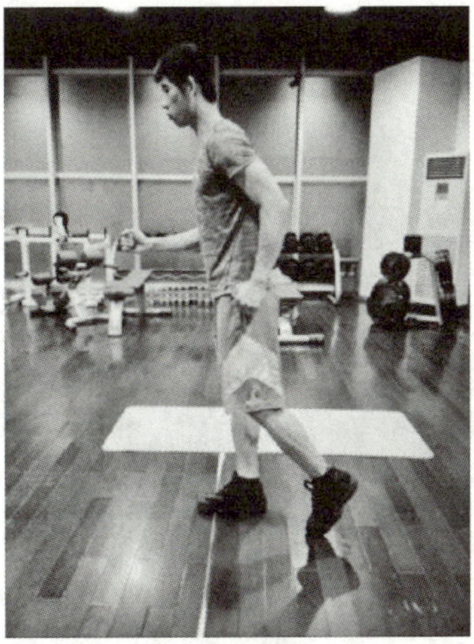

图 10-12　放松慢跑

（二）第二节　坐位体前屈

要求：两脚并拢勾脚尖，伸直身体前屈，双手尽量触摸前脚掌(图 10-13)。

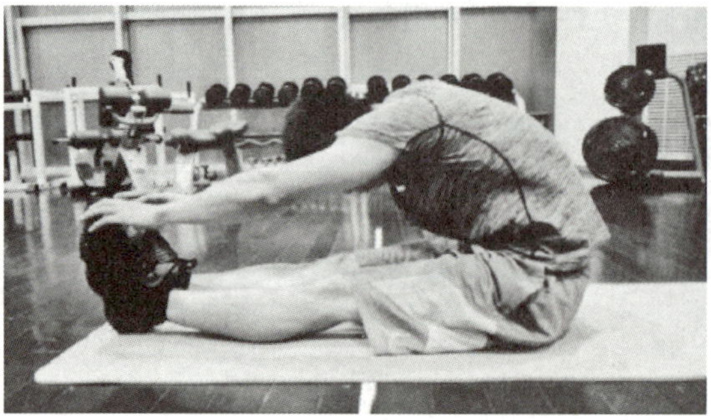

图 10-13　坐位体前屈

（三）第三节　侧卧屈腿

要求：同侧手握住脚踝并给予适当的压力，尽量用脚后跟碰臀部(图 10-14)。

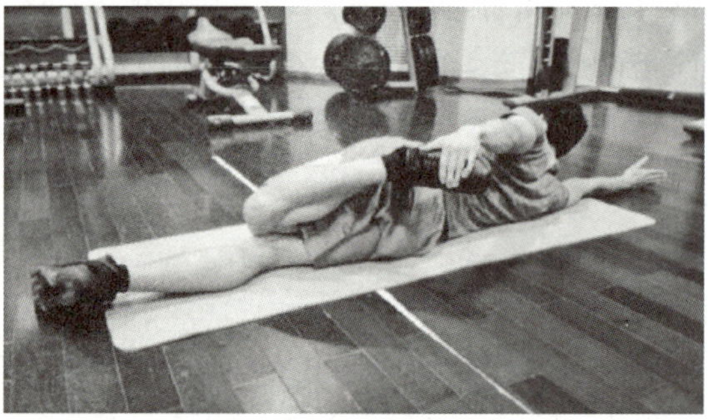

图 10-14　侧卧屈腿

（四）第四节　蝴蝶式体前屈

要求：脚掌相对，膝关节下压，身体前屈(图 10-15)。

图 10-15　蝴蝶式体前屈

(五) 第五节　仰卧转体

要求：双肩着地，交叉大腿与身体垂直(图 10-16)。

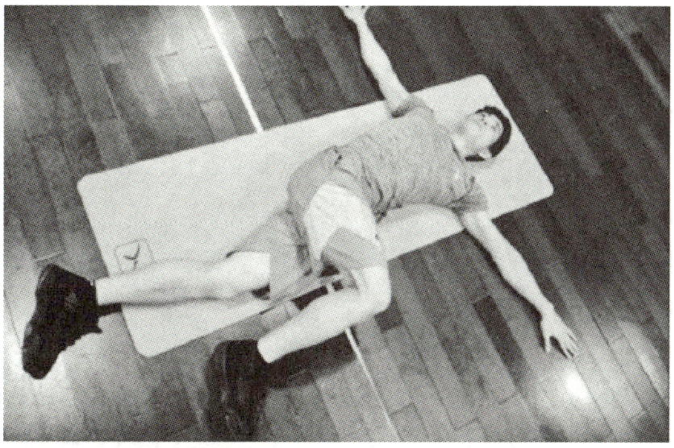

图 10-16　仰卧转体

(六) 第六节　牛式拉伸

要求：双手撑起上身，手指向前，下半身放松平卧，头部上抬(图 10-17)。

图 10-17　牛式拉伸

(八) 第八节　猫式拉伸

要求：跪卧，双手撑地，拱背，像猫紧张时的状态(图 10-18)。

图 10-18　猫式拉伸

（八）第八节　前臂拉伸

要求：跪坐姿势，双手撑地，十指反旋转朝向自己的身体，向后移动重心（图 10-19）。

图 10-19　前臂拉伸

（九）第九节　肩关节拉伸

要求：（1）臀部后坐，双手尽量前伸（图 10-20①）；（2）②双手后撑重心前移（图 10-20②）；（3）一只手扣住另一手肘关节，向身体方向压（图 10-20③）。

①

②

③

图 10-20　肩关节拉伸

(十) 第十节　小腿拉伸

要求：俯卧，双手撑地，单腿后撑地面，后脚掌尽量触地(图 10-21)。

图 10-21　　小腿拉伸

二、整理拉伸时注意事项

1. 运动后的拉伸采用静态拉伸，缓慢增加幅度。
2. 千万不要伸展冷肌肉，拉伸运动的最佳时间是运动后的 10 分钟以内。
3. 拉伸动作要轻柔，不要用力过猛，不要做到身体有疼痛感，轻微的拉扯感是正常的。
4. 每个拉伸动作持续 20～30 秒，然后放松，同个部位可多次重复。

三、按摩放松

运动后对用力最多、最疲劳部分的肌肉进行放松按摩，也是一种有效消除疲劳的方法。按摩一般在运动结束后 20 分钟，做完伸展牵拉放松之后或者晚上睡觉之前进行。从轻按开始，逐渐过渡到推拿、揉捏、按压和扣打，再配合局部抖动。如果条件允许，接受专业恢复性按摩的效果最好。

思考题

1. 简述乒乓球项目准备活动的作用。
2. 根据乒乓球项目的特点，试制订一套合适的准备活动。
3. 简述整理拉伸的注意事项。
4. 根据乒乓球项目的特点，试制订一套合适的整理活动。

第十一章　乒乓球竞赛规则

本章提要

乒乓球比赛的裁判工作，对乒乓球运动的普及和提高有着重要的影响。比赛过程中，裁判员是不可缺少的一部分，裁判工作的质量，直接影响运动员技术、战术的发挥。裁判员应做到努力钻研裁判业务，精通乒乓球规则及裁判法，积极参加实际工作，不断提高执裁水平；严格履行裁判员职责，做到严肃、认真、公正、准确；作风正派，不徇私情，坚持原则，敢于同不良倾向作斗争；裁判员之间应互相学习，互相尊重，互相支持，加强团结；讲程序、守纪律，执行临场裁判时精神饱满、服装整洁、仪表大方。

竞赛的组织编排工作是比赛的重要组成部分。组织编排的任务主要有：按照规程的规定，将整个比赛科学地、合理地安排好，保证比赛能够有计划、有秩序地顺利进行。竞赛组织编排工作由制定竞赛规程、接受报名、安排练习场地、组织抽签、编排比赛秩序、印发秩序册、检录和公布比赛成绩、印发成绩公报和成绩册、管理竞赛资料等组成。

临场裁判和竞赛编排是裁判工作的两项基本任务。每个裁判员不仅要有良好的竞赛裁判业务精神，掌握执行临场裁判的工作技能，而且还要懂得竞赛组织编排的基本知识和方法。

学习目标

1. 基本掌握乒乓球比赛规则和乒乓球比赛裁判术语和手势。

2. 基本了解乒乓球比赛的管理和比赛官员管理权限、乒乓球比赛项目和方法，以及乒乓球裁判员临场操作规程。

第一节 乒乓球比赛规则

一、比赛器材

(一) 球台

1. 球台的上层表面叫作比赛台面，应为与水平面平行的长方形，长 2.74 米，宽 1.525 米，离地面高 76 厘米。

2. 比赛台面不包括球台台面的垂直侧面。

3. 比赛台面应呈均匀的暗色，无光泽。沿每个 2.74 米的比赛台面边缘各有一条 2 厘米宽的白色端线。

4. 双打时，各台区应由一条 3 毫米宽的白色中线，划分为两个相等“半区”，中线与边线平行，并应视为右半区的一部分。

(二) 球网装置

1. 球网装置包括球网、悬网绳、网柱及将它们固定在球台上的夹钳部分。

2. 整个球网的顶端距离比赛台面 15.25 厘米。

(三) 球

1. 球应为圆球体，直径为 40 毫米。

2. 球重 2.7 克。

3. 球应用赛璐珞或类似塑料制成，呈白色或橙色，且无光泽。

(四) 球拍

1. 球拍的大小、形状和重量不限。但底板应平整、坚硬。

2. 球拍两面不论是否有覆盖物，必须无光泽，且一面为红色，另一面为黑色。自 2021 年 10 月 1 日起生效，球拍两面无论是否有覆盖物，必须无光泽，且一面为黑色，另一面为与黑色和球的颜色明显不同的鲜艳颜色。

二、基本定义

1. “回合”：球处于比赛状态的一段时间。

2. “球处于比赛状态”：从发球时球被有意向上抛起前静止在不执拍手掌上的最后一瞬间开始，直到该回合被判得分或重发球。

3. “重发球”：不予判分的回合。

4. “一分”：判分的回合。

5. “执拍手”：正握着球拍的手。

6. “不执拍手”：未握着球拍的手。不执拍手臂：不执拍手的手臂。

7.“击球”：用握在手中的球拍或执拍手手腕以下部分触及处于比赛状态的球。

8.“阻挡”：当球处于比赛状态时，对方击球后，在比赛台面上方或向比赛台面方向运动的球，尚未触及本方台区，即触及本方运动员或其穿戴（带）的任何物品，即为“阻挡”。

9.“发球员”：在一个回合中首先击球的运动员。

10.“接发球员”：在一个回合中第二个击球的运动员。

11.“裁判员”：被指定管理一场比赛的人。

12.“副裁判员”：被指定在某些方面协助裁判员工作的人。

13. 球台的“端线”包括端线两端的无限延长线。

三、规则要点

（一）合法发球

1. 发球开始时，球自然地置于不持拍的手掌上，手掌张开，保持静止。

2. 发球员须用手将球几乎垂直地向上抛起，不得使球旋转，并使球在离开不执拍手的手掌之后上升不少于16厘米，球下降到被击前不能碰到任何物体。

3. 当球从抛起的最高点下降时，发球员方可击球，使球首先触及本方台区，然后越过或绕过球网装置，再触及接发球员的台区。在双打中，球应先后触及发球员和接发球员的右半区。

4. 从发球开始，到球被击出，球要始终在比赛台面的水平面以上和发球员的端线以外；而且从接发球方来看，球不能被发球员或其双打同伴的身体或衣服的任何部分挡住。

（二）合法还击

对方发球或还击后，本方运动员必须击球，使球直接越过或绕过球网装置，或触及球网装置后，再触及对方台区。

（三）比赛次序

1. 在单打中，首先由发球员合法发球，再由接发球员合法还击，然后两者交替合法还击。

2. 在双打中，首先由发球员合法发球，再由接发球员合法还击，然后由发球员的同伴合法还击，再由接发球员的同伴合法还击，此后运动员按此次序轮流合法还击。

（四）重发球

回合出现下列情况应判重发球：

1. 如果发球员发出的球，在越过或绕过球网装置时触及球网装置，此后成为合法发球或被接发球员或其同伴阻挡；

2. 如果接发球员或接发球方未准备好时，球已发出，而且接发球员或接发球方没有企图击球；

3. 由于发生了运动员无法控制的干扰，而使运动员未能合法发球、合法还击或遵守规则；

4. 裁判员或副裁判员暂停比赛。

可以在下列情况下暂停比赛：

1. 由于要纠正发球、接发球次序或方位错误；

2. 由于要实行轮换发球法；

3. 由于警告或处罚运动员；

4. 由于比赛环境受到干扰，以致该回合结果有可能受到影响。

（五）1 分的判定

除被判重发球的回合，下列情况运动员得 1 分：

1. 对方运动员未能合法发球；

2. 对方运动员未能合法还击；

3. 运动员在合法发球或合法还击后，对方运动员在击球前，球触及了除球网装置以外的任何东西；

4. 对方击球后，该球没有触及本方台区而越过本方端线；

5. 对方阻挡；

6. 对方运动员或其穿戴的任何东西使球台移动；

7. 对方运动员或其穿戴的任何东西触及球网装置；

8. 对方运动员不执拍手触及比赛台面；

9. 双打时，对方运动员击球次序错误；

10. 执行轮换发球法时。

（六）一局比赛

在一局比赛中，先得 11 分的一方为胜方。10 平后，先多得 2 分的一方为胜方。

（七）一场比赛

一场比赛由奇数局组成。

（八）发球、接发球和方位的次序

1. 选择发球、接发球和方位的权利应由抽签来决定。中签者可以选择先发球或是先接发球，或选择先在某一方位。

2. 当一方运动员选择了先发球或先接发球，或选择了先在某一方位后，另一方运动员必须有另一个选择。

3. 在获得每 2 分之后，接发球方即成为发球方，依此类推，直至该局比赛结束，或者直至双方比分都达到 10 分或者实行轮换发球法。这时，发球和接发球次序仍然不变，但每人只轮发 1 分球。

4. 在双打的第一局比赛中，先由发球方确定第一发球员，再由先接发球方确定第一接发球员。在以后的各局比赛中，第一发球员确定后，第一接发球员应是前一局发球给他的运动员。

5. 在双打中，每次换发球时，前面的接发球员应成为发球员，前面的发球员的同伴应成为接发球员。

6. 一局中首先发球的一方，在该场下一局应首先接发球。在双打决胜局中，当一方先得 5 分时，接发球方应交换接发球次序。

7. 一局中，在某一方位比赛的一方，在该场下一局应换到另一方位。在决胜局中，一方先得 5 分时，双方应交换方位。

(九) 发球、接发球和方位的错误

1. 裁判员一旦发现发球、接发球次序错误，应立即暂停比赛，并按该场比赛开始时确立的次序，按场上比分由应该发球或接发球的运动员发球或接发球。在双打中，则按发现错误时那一局中首先有发球权的一方所确立的次序进行纠正，继续比赛。

2. 裁判员一旦发现运动员应交换方位而未交换时，应立即暂停比赛，并按该场比赛开始时确立的次序，按场上比分运动员应站的正确方位进行纠正，再继续比赛。

3. 在任何情况下，发现错误之前的所有得分均有效。

(十) 轮换发球法

1. 如果一局比赛进行到 10 分钟仍未结束(双方都已获得 9 分时除外)，或者在此之前任何时间应双方运动员要求，应实行轮换发球法；当时限到且须实行轮换发球法时，球仍处于比赛状态，裁判员应立即暂停比赛，由被暂停回合的发球员发球，继续比赛。

2. 当时限到时，球未处于比赛状态，应由前一回合的接发球员发球，继续比赛。此后，每位运动员都轮发 1 分球，直至该局结束。如果接发球方进行了 13 次合法还击，则判发球方失 1 分。

3. 轮换发球法一经实行，将一直使用到该场比赛结束。

(十一) 申诉

1. 在单项比赛中的双方运动员或在团体赛中的双方队长之间所达成的协议均不能改变该场比赛的裁判员就事实问题所作的决定。

2. 对有关裁判员就事实问题所作的决定，或对裁判长就解释规则或规程的问题所作的决定，不得提出申诉。

3. 在单项比赛中，只能由参赛的运动员就该场比赛中出现的问题提出申诉。在团体比赛中，则只能由参赛队的队长就比赛中出现的问题提出申诉。

4. 正式申诉，应写出书面材料。

第二节　比赛的管理和比赛官员管理权限

一、比赛的管理

(一) 报分

当球一结束比赛状态，或在情况允许时，裁判员应立即报分。

（二）练习

在一场比赛开始前2分钟，运动员有权在比赛球台上练习，正常间歇不能练习。只有裁判长有权延长特殊的练习时间。

（三）间歇

除了一方选手提出要求外，比赛应该继续进行。

1. 在局与局之间，不超过1分钟休息时间。

2. 每局比赛中，每得6分后，或决胜局交换方位时，可用短暂的时间擦汗。

3. 一名或一对双打运动员可在一场比赛中要求一次暂停，时间不超过1分钟。

4. 在一场单打比赛中，每一方运动员均有向主裁判员提出给予暂停1分钟的一次机会，此时可接受场外教练技、战术等方面的指导。

二、比赛官员管理权限

（一）裁判长

每次竞赛应指派一名裁判长，其身份和工作地点应告知所有参赛者，并适时告知各参赛队队长。裁判长应对下列事项负责：

1. 主持抽签；

2. 编排比赛日程（时间、台号）；

3. 指派裁判员；

4. 主持裁判员的赛前短会；

5. 审查运动员的参赛资格；

6. 决定在紧急时刻能否中断比赛；

7. 决定在一场比赛中运动员能否离开比赛区域；

8. 决定能否延长法定练习时间；

9. 决定在一场比赛中运动员能否穿长运动服；

10. 对解释规则和规程的任何问题作出决定，包括服装（不能为白色）、比赛器材和比赛条件的可接受性；

11. 决定在比赛紧急中断时，运动员能否练习以及练习地点；

12. 对于不良行为或其他违反规程的行为采取纪律行动；

13. 经竞赛委员会的同意，当裁判长的任何职责托付给其他人员时，这些人员中的每个人的特殊职责和工作地点应告知参赛者，适时告知各参赛队队长；

14. 裁判长或者是在其缺席时负责代理的副裁判长，在比赛过程中，自始至终应亲临比赛场地；

15. 如果裁判长认为必要，可在任何时间更换裁判人员，但不得更改被更改者在其职权范围内就事实问题作出的判定；

16. 从抵达比赛场馆开始直至离开场馆，运动员应处于裁判长的管辖之下。

（二）裁判员

每场比赛应指派一名裁判员，其应坐或站在球台一侧，与球网成一直线。裁判员应对下列事项负责：

1. 检查比赛器材和比赛条件的可接受性，如有问题向裁判长报告；

2. 如果运动员在进入比赛区域前未挑选比赛用球，或运动员就比赛用球意见不一致，则由裁判员从一盒赛会指定的比赛用球中任意取一个球进行比赛；

3. 主持抽签确定发球、接发球和方位；

4. 决定是否由于运动员身体伤残而放宽合法发球的某些规定；

5. 控制方位和发球、接发球的次序，纠正上述有关方面出现的错误；

6. 决定每一个回合得 1 分或重发球；

7. 根据规定的程序报分；

8. 在适当的时间执行轮换发球法；

9. 保持比赛的连续性；

10. 对违反场外指导或行为等规定者采取行动；

11. 如果双方运动员或运动队所穿短袖运动衫类似且均不愿更换时，抽签决定某一方必须更换；

12. 确保只有经许可的人员才能进入比赛区域。

（三）副裁判员

每场比赛应指派一名副裁判员，其应面对裁判员坐在球台另一侧。副裁判员应对下列事项负责：

1. 决定处于比赛状态中的球是否触及距离他最近的比赛台面的上边缘；

2. 有违反场外指导或行为规定情况时，告知裁判员。

（四）裁判员或副裁判员均可对下列事项负责：

1. 判决运动员发球动作不合法；

2. 判决合法发球触及球网装置；

3. 判决运动员阻挡；

4. 判决比赛条件受到意外干扰，该回合的结果有可能受到影响；

5. 对练习时间、比赛时间和间歇时间进行计时；

6. 执行轮换发球法时，副裁判员或另外指派的一名裁判员均可担任计数员，数接发球方运动员的击球板数；

7. 裁判员不得否定副裁判员在共同负责事项中所作的决定；

8. 从抵达比赛场馆开始直至离开场馆，运动员应处于裁判员的管辖之下。

第三节　乒乓球比赛项目和方法

一、比赛项目

乒乓球比赛一般包括团体比赛和单项比赛。团体赛有男子团体赛和女子团体赛；单项比赛有男子单打、女子单打，男子双打、女子双打和混合双打。

（一）团体赛项目

1. 五场三胜制（男子团体，新斯韦思林杯赛制，五场单打）：一个队由 3 名运动员组成。抽签决定主、客队，主队为 A、B、C；客队为 X、Y、Z。比赛顺序是第一场：A—X；第二场：B—Y；第三场：C—Z；第四场：A—Y；第五场：B—X。

2. 五场三胜制（女子团体，考比伦杯赛制，四场单打和一场双打）：一个队由 2、3 或 4 名运动员组成。比赛顺序是第一场：A—X；第二场：B—Y；第三场：双打；第四场：A—Y；第五场：B—X。

3. 五场三胜制（奥林匹克赛制，四场单打和一场双打）：一个队由 3 名运动员组成，每名运动员最多参加两场单项比赛。比赛顺序是第一场：双打，B & C—Y & Z；第二场：A—X；第三场：C—Z；第四场：A—Y；第五场：B—X。

（二）单打项目

男子单打、女子单打，男子双打、女子双打和混合双打，一般采用七局四胜制、五局三胜制和三局两胜制。

二、比赛方法

（一）循环赛制度

循环赛制和淘汰赛制是乒乓球比赛常用的两种方法，一般采用循环赛、淘汰赛相结合的方法进行比赛。循环赛就是参加比赛的各方之间都相互比赛一次，又称单循环赛；参加比赛的各方之间都比赛两次的，称为双循环赛。循环赛的比赛方法，能使参加比赛的各队或各个运动员都能得更多的实战机会，有利于通过比赛互相交流经验，比赛结果的偶然性较小，因而能较准确地反映出参加比赛者实际的技术水平。但循环赛的场次多、比赛时间长、名次的确定又易受他队的影响，因此，参加循环赛的队数（人数）不宜过多。在参赛队数（或人数）过多时，可采用分组循环赛的办法。

（二）单循环赛轮数和场数的计算

在单循环赛中各队（或运动员）均出场比赛一次（包含轮空），称为“一轮”；每两个人（队）之间比赛一次，称为“一场”。

1. 计算轮数

参加比赛的队数(或人数)是奇数时：轮数 = 队数(或人数)

参加比赛的队数(或人数)是偶数时：轮数 = 队数(或人数)－1

2. 计算场数

场数 $=\dfrac{n(n-1)}{2}$，n 为参加比赛的队(人)数。如有 6 个队参加比赛,需进行的场数则为 15 场。

(三) 循环赛的优缺点

1. 循环赛优点

所有的参赛选手(队)都能得到比赛机会;有利于互相交流经验;比赛结果的偶然性、机遇性小,因而更能反映各队的真正水平。

2. 循环赛缺点

比赛秩序中,机会不均等(如：先赛与后赛、比赛进度的快慢、体力消耗的程度等);名次的计算要受其他队的影响,有时某队可利用互相牵制的关系来左右局势,影响其他队的名次;应用范围有很大的局限性,参加队伍逐步增加时,要用其他方法来克服其应用的局限性。

(四) 单循环赛比赛顺序的确定

1. 确定单循环赛的比赛顺序,要考虑到比赛场次进度的一致,避免连场。尽量使各队(或人)机会均等,还要使水平接近的队(或人)在最后一轮相遇,从而使比赛逐步进入高潮。目前常采用的方法是“逆时针轮转法”,这种轮转方法是把 1 号位固定不动,其他号位按逆时针方向轮转一个位置,即可排出下一轮以至全部轮次的比赛顺序(表 11-1)。

表 11-1　单循环赛的比赛顺序

第一轮	第二轮	第三轮	第四轮	第五轮
1—6	1—5	1—4	1—3	1—2
2—5	6—4	5—3	4—2	3—6
3—4	2—3	6—2	5—6	4—5

2. 如果是单数队参赛,比如 5 个队参加循环赛,可以用一个“0”替代“6”的位置。凡与“0”相遇的队,该场不必进行比赛(轮空),并算该队结束了这一轮的“比赛”(表 11-2)。

表 11-2　5 个队参加单循环赛的比赛顺序

第一轮	第二轮	第三轮	第四轮	第五轮
1—0	1—5	1—4	1—3	1—2
2—5	0—4	5—3	4—2	3—0
3—4	2—3	0—2	5—0	4—5

(五) 单循环赛名次的计算

根据乒乓球国际比赛规程的规定，循环赛的比赛名次是根据各队所获得的场次分数决定的，即：胜一场得2分，输一场得1分，比赛弃权或中途退出比赛的场次计0分，得分多者名次列前。如果有两个或两个以上的队（或个人）的场次分数相同，他们的名次应按他们之间相互比赛的成绩决定，首先计算他们之间获得的场次分数，如果场次分数相等则按个人比赛场次（团体赛）、局、分的胜负比率逐级计算，直至排出全部名次为止。

1. 5个队（人）场次积分数不相同（表11-3）：

表11-3　循环赛名次计算(1)

姓名	A	B	C	D	E	积分	计算	名次
A		3∶1	3∶0	3∶2	3∶0	8		1
B	1∶3		3∶2	3∶0	3∶1	7		2
C	0∶3	2∶3		3∶1	3∶2	6		3
D	2∶3	0∶3	1∶3		3∶1	5		4
E	0∶3	1∶3	2∶3	1∶3		4		5

2. 有2个队（人）积分数相同（表11-4）：

表11-4　循环赛名次计算(2)

姓名	A	B	C	D	E	积分	计算	名次
A		3∶1	3∶0	3∶2	2∶3	7	2	1
B	1∶3		3∶2	3∶0	3∶1	7	1	2
C	0∶3	2∶3		3∶1	3∶2	6		3
D	2∶3	0∶3	1∶3		3∶1	5	2	4
E	3∶2	1∶3	2∶3	1∶3		5	1	5

3. 有3个队（人）积分数相同（表11-5）：

表11-5　循环赛名次计算(3)

姓名	A	B	C	D	E	积分	计算	名次
A		1∶3	3∶0	3∶0	3∶1	7		1
B	3∶1		2∶3	2∶3	3∶2	6	3, 5/5	3
C	0∶3	3∶2		3∶2	1∶3	6	3, 4/5	4
D	0∶3	3∶2	2∶3		0∶3	5		5
E	1∶3	2∶3	3∶1	3∶0		6	3, 5/4	2

表11-5的计算过程：

先算出5个人的积分，A为7分，D为5分，B、C、E都为6分，这时可以明确A的名次是第一名，D的名次是第五名；再计算B、C、E之间的场次积分，若积分相同，则计算B、C、E的局数胜负情况，计算可知其积分都为3分，胜局/负局算得B＝5/5，C＝4/5，E＝5/4，E＞B＞C，所以E的总名次为第二名，B的总名次为第三名，C的总名次为第四名。

4. 有3个队（人）积分数相同（表11-6）：

表11-6 循环赛名次计算（4）

姓名	A	B	C	D	E	积分	计算	名次
A		2∶3	3∶0	3∶0	3∶1	7		1
B	4，－4，－6，7，7		1∶3	2∶3	3∶1	6	3，4/4，75/85≈0.88	4
C	－4，－4，－9	8，－16，6，2		3∶1	1∶3	6	3，4/4，89/73≈1.22	2
D	－7，－2，－3	7，－13，7，－3，10	11，－4，－7，－9		0∶3	5		5
E	10，－7，－8，－7	7，－8，－10，－7	10，9，－4，10	8，3，4		6	3，4/4，75/81≈0.93	3

表11-6的计算过程：

先算出5个人的积分，A为7分，D为5分，B、C、E都为6分，这时可以明确A的名次是第一名，D的名次是第五名；再计算B、C、E之间的场次积分，若积分相同，则计算B、C、E的局数胜负情况，计算可知其积分都为3分，且胜局/负局都是4/4，所以需要计算小分，小分应把B、C、E三人每一局所得的胜分数相加/每一局负分数相加，得出B＝75/85≈0.88，C＝89/73≈1.22，E＝75/81≈0.93，C＞E＞B，所以C的总名次为第二名，E的总名次为第三名，B的总名次为第四名。

（六）淘汰赛制度

淘汰赛是乒乓球竞赛的另一种比赛方法，它将所有参加比赛的选手（或队）编排成一定的比赛次序，由相邻的两名选手（或两个队）进行比赛，败者淘汰，胜者进入下一轮，直到淘汰剩最后一名选手（或一个队），这个选手（或队）就是冠军。

（七）淘汰赛的优缺点

1. 淘汰赛优点

具有强烈的对抗性，不受第三者影响；容量大，短时间内可安排大批运动员进行比赛；比赛逐步引向高潮，在高潮中结束整个比赛。

2. 淘汰赛缺点

合理性差，名次分布有一定的规律，冠亚军必定在不同的1/2区，所产生的冠军不一定是事实上的最强者;机遇性强;具有不完整性,第一轮必须是 2 的 N 次幂,而参加比赛的运动员人数不一定都是 2 的 N 次幂,因此出现了轮空,这样就不可能保证"在每一轮比赛中都是由两名运动员进行一场比赛,败者淘汰,胜者进入下一轮"这条规则的实现。

淘汰赛的办法一般在参赛的选手(或队)多、时间短、场地较少的条件下使用。其对抗性强,可使比赛逐步形成高潮;但又因比赛场次少,互相学习和锻炼的机会也少,而最后排定名次的合理性差,机遇性强,故比赛的最后结果不一定能确切反映出运动员(或队)的技术水平。因此,在采用单淘汰赛的办法时,必须采取设立"种子"等一系列措施,尽量减少它的偶然性,力求使比赛合理、公正。

(八) 单淘汰赛轮数和场数的计算

1. 计算轮数

单淘汰赛所选用的号码位置数(2 的乘方)的指数即为轮数,即 2 的几次方即为几轮。例如: 16 个号码位置,$16=2^4$,即为 4 轮;32 个号码位置,$32=2^5$,即为 5 轮。

2. 计算场数

单淘汰赛场数的计算公式为: 场数 = 参加人数 − 1。例如: 有 64 人参加比赛,场数则为 $64-1=63$(场)。

(九) 单淘汰比赛秩序的确定

1. 选择号码位置数

采用单淘汰的比赛办法时,应先根据参加比赛的人数选择最接近的 2 的乘方数作为号码位置数。比赛常用的号码位置数是: $2^4=16$,$2^5=32$,$2^6=64$,$2^7=128$。

2. 淘汰赛的抽签(图 11-1)

淘汰赛第一轮的位置数为 2 的幂。如果位置数多于已接纳的报名人数,第一轮应设置足够的轮空位置以补足所需位置数目;如果位置数少于已接纳的报名人数,应举行预选赛,使预选赛出线人数和免于参加预选赛的人数总和等于所需的位置数。轮空位置应按照种子排列先后次序安排,在第一轮中尽可能均匀分布。通过预选赛的选手应视情况尽可能均匀地抽入相应的上下半区、各 1/4 区、1/8 区或 1/16。按排名排列种子,排名在前的选手应被列为种子,以使他们在比赛进行到较后轮次时相遇,种子数不得超过该项比赛第一轮的选手数。第一号种子应安排在上半区的顶部,第二号种子应安排在下半区的底部,其余种子应通过抽签进入规定的位置,具体如下: 第三、第四号种子应抽入上半区的底部和下半区的顶部。第五至第八号种子应抽入单数 1/4 区的底部和双数 1/4 区的顶部。第九至第十六号种子应抽入单数 1/8 区的底部和双数 1/8 区的顶部。

设立"种子"可以避免强队或强手在单淘汰赛中过早相遇,从而保证比赛结果的合理性。确定"种子"的主要依据是技术水平的高低或最近的比赛成绩和所参加的大型比赛的成绩等。

"种子"的数量一般根据参加比赛的队数(或人数)来确定,分组循环赛则是按照分组的

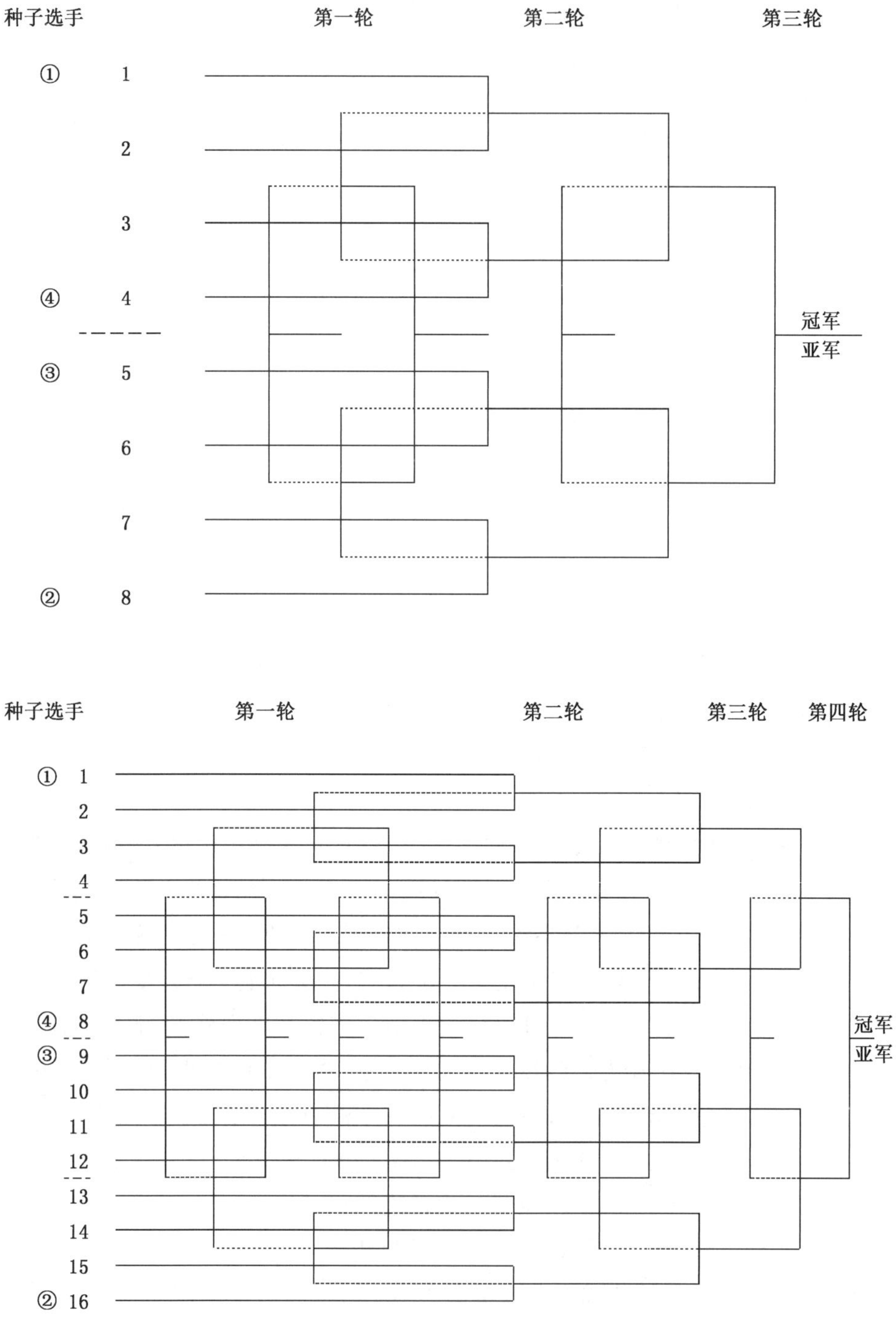

种子选手
第一轮
第二轮
第三轮
① 1
2
3
④ 4
③ 5
6
7
② 8
冠军
亚军
种子选手
第一轮
第二轮
第三轮
第四轮
① 1
2
3
4
5
6
7
④ 8
③ 9
10
11
12
13
14
15
② 16
冠军
亚军

图 11-1 淘汰赛的抽签

数目来设立“种子”。淘汰赛时，种子数目应为2的乘方数。例如：报名数在24名以下时，应设2个或4个种子；报名数在25至48时，应设4个或8个种子。

抽签时，先抽种子选手，后抽非种子选手。非种子选手抽签的步骤是先分区、后定位，分区的目的是将同一单位的选手合理分开，使他们最后相遇。非种子选手的分区结束后，再以抽签来决定其具体的定位。

第四节　乒乓球比赛裁判术语和手势

术语和手势是裁判员在执行规则时的技术用语和动作。

一、发球

手掌张开指向发球员，表示发球（图11-2）。

图11-2　发球的裁判手势

二、得分

举起右手（或左手），肘部弯曲，握拳，表示得分（裁判右侧选手得分举右手，左侧选手得分举左手），同时报出比分（图11-3）。

三、停止练习、时间到、暂停、擦网、阻挡、发球犯规、台面移动、连击、两跳、重发球、外界球进入场地、发球次序错等

右手举起，肘部伸直，平掌平伸（图11-4）。

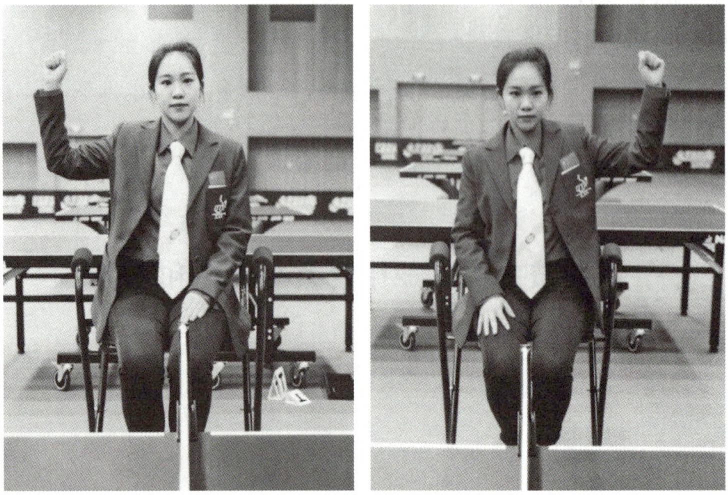

图 11-3 得分的裁判手势

图 11-4 停止练习、时间到、暂停、擦网、阻挡、发球犯规、台面移动、连击、两跳、重发球、外界球进入场地、发球次序错等的裁判手势

图 11-5 擦边球的裁判手势

四、擦边球

手臂伸直，用食指指向擦边的方向，表示擦边(图 11-5)。

五、判罚

1. 裁判员出示黄牌(用来警告教练员和运动员的第一次违规行为)(图 11-6)。

图 11-6　裁判员出示黄牌

2. 裁判员出示红牌(针对教练员,罚其离开比赛区域)(图 11-7)。

图 11-7　裁判员出示红牌

3. 裁判员同时出示红牌和黄牌(对受到警告的运动员,在其第二次冒犯时出示红黄牌并判罚分,判罚分不能超过 3 分,若超过应报告裁判长)(图 11-8)。

图 11-8　裁判员同时出示红牌和黄牌

六、暂停

1. 主裁判员用靠近请求暂停方一侧的手出示白牌(图 11-9)。

图 11-9　主裁判员出示白牌

2. 副裁判员暂停时的流程操作

当副裁判员开始计时，将大 T 牌摆放于要求暂停方球台离端线 1/3 处，将比赛球捡回交给主裁判员，然后站立于裁判桌要求暂停方的一侧。当暂停时间(1 分钟)到或者要求暂停方准备继续比赛，则停止计时，收回大 T 牌，并在要求暂停方记分牌旁放置一个小 T 牌(图 11-10)。

图 11-10　副裁判员暂停时的操作流程

七、7 个判罚不合法发球手势(图 11-11)。

① 发球手掌未展开

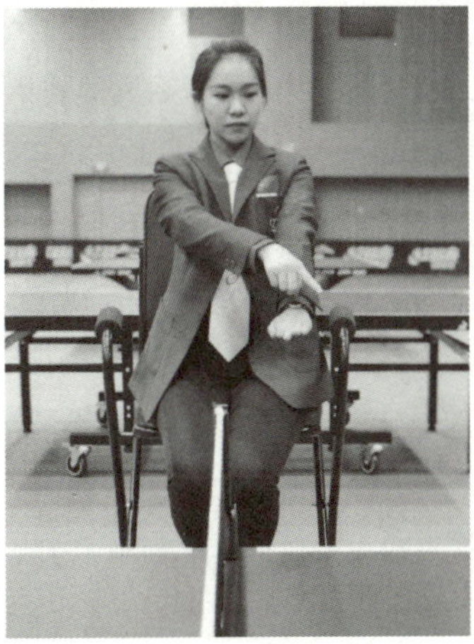

② 发球在端线以内

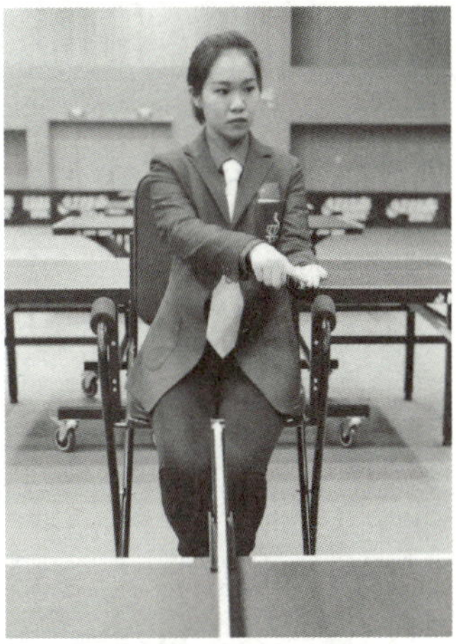

③ 球停留在指尖

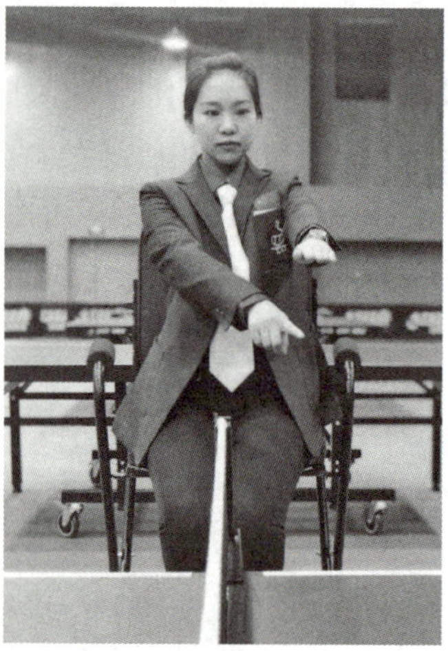

④ 球在台面以下

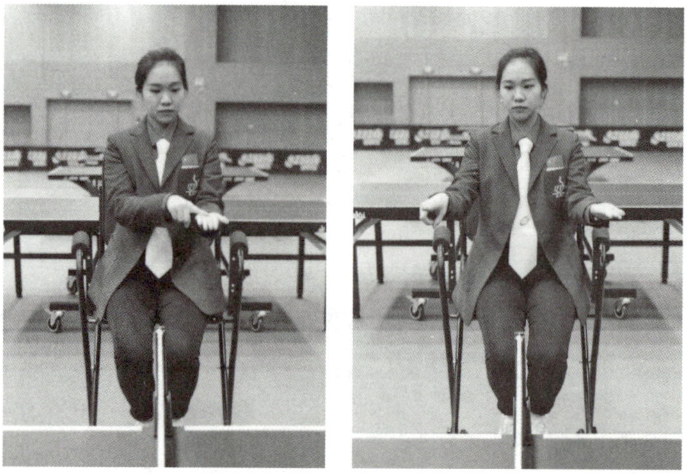

⑤ 没有垂直发球

6. 抛球高度不够

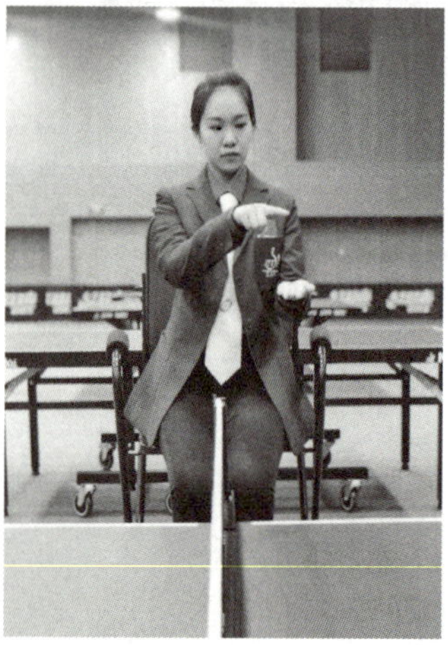

⑥ 发球抛球高度不够

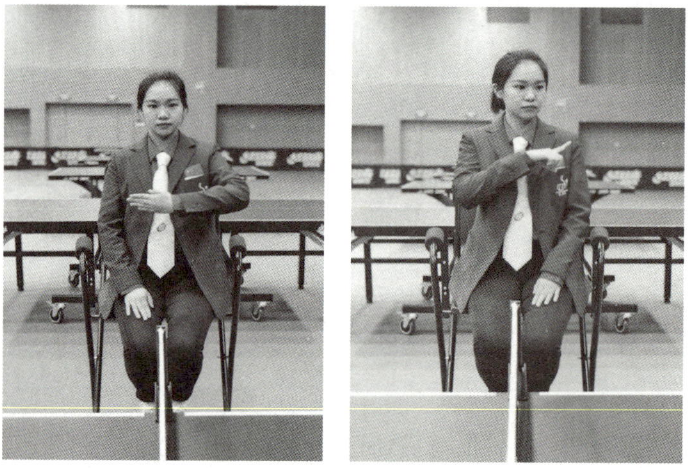

⑦ 发球阻挡

图 11-11 判罚不合法发球手势

第五节 乒乓球裁判员临场操作规程

一、赛前准备

（一）入场前

1. 赛前 45—30 分钟

团体比赛前 45 分钟和单项比赛前 30 分钟，该场执裁的裁判员抵达检录区，向编排记录组、挑球处(抽签区)拿排名表和队名牌、记分表和比赛用器材。

2. 赛前 20 分钟

双方运动队(运动员)在赛前 20 分钟到达检录区。

(1) 团体赛双方挑选主、客队。使用挑边器时可以将其超过自己的人头高度,使其自然落在地上。团体比赛抽签应该在赛区外检录处进行,发球与方位的抽签必须在场内进行。一般不提倡将挑边器落在地上,而是用手接住。

(2) 如果赛前 20 分钟队长或其代表未到达检录处,该队可被认为放弃了挑选主、客队,服装,球和指导席。

(3) 收取排名表,在相互交换排名表之前,应检查双方填写是否正确。核对清晰后,将双方运动队准确信息填写在记分单上。

3. 赛前 15 分钟

(1) 一般情况下,双方运动员可在场外各挑两个球,场内备一盒。如果未挑球,裁判员将从一盒球里任意拿取一个球进行比赛。

(2) 检查服装(主体颜色、双方颜色、人名簿),并填写在记分表上。

(3) 检查球拍,裁判员自检(厚度、平整度、完整性、二次处理、覆盖物边缘缺损、2 毫米的宽限、覆盖物 LARC 列表等)。

(4) 确定教练席位并填写信息。

4. 赛前 10 分钟

(1) 停止场上练习,清场。如果在赛区进行准备工作,要及时将比分显示器的局分显示为 0∶0。

(2) 副裁判员进场检查场地(清洁球台、检查球网高度和张力、整理挡板)。

5. 赛前 5 分钟

(1) 裁判员带领运动员在等候区(视情况紧挨检录区)等候入场。

(2) 入场顺序:主裁判员—双方运动员—副裁判员。

(3) 主裁判员拿第一场运动员的球拍、夹板和球,副裁判员拿其余球拍,按规定的路线入场。(裁判员移开挡板进入比赛区域,而不是跨过或跳跃挡板)

(4) 其他的私人物品一律不得携带。关闭手机,严禁在赛区内使用手机。

(二) 入场后

1. 裁判员将第一场运动员的球拍放在球网边靠近教练员席一侧的球台上,把空档案袋放置在裁判桌下。

2. 裁判员检查比赛区域,调整好队名牌和大局分。

3. 再次确认双方运动员服装的颜色和人名簿。

4. 使用挑边器,可用单手接住,或用双手接住,张开手掌,不得使其翻转。千万不要让挑边器落地。

5. 检查教练席的人数(5 人)。

6. 将汗巾放在正确的位置。

7. 保持良好的坐姿(坐姿挺直,稍向前倾)。

8. 掌握好练习时间。

二、比赛中

1. 开始比赛。

第一局比赛开始,当练习时间到,负责计时裁判员或副裁判员举起手臂并宣布时间到。裁判员宣布“A 对 B”“第一局比赛”,裁判员手掌张开指向第一发球员并报:“A 发球”“0∶0”。副裁判员将大比分调到 0∶0,启动秒表,开始比赛。

2. 每个回合,报比分或报重新发球(报分清晰、洪亮,注意节奏)。

3. 正确、合理地使用手势和术语。

4. 正确地执行发球规则(严格执行)。

(1) 赛前主、副裁判员应充分地沟通并分工。

(2) 对运动员发球动作的合法性有怀疑时,主、副裁判均可警告(一场比赛只能一次,警告时不要出牌)。

(3) 认真观察运动员的发球动作,如有疑问,一定要尽早判罚。

(4) 发球员明显没有按照合法发球的规定发球,无须警告,应判接发球方得 1 分。

5. 正确管理运动员的行为。

(1) 非正式轻声警告:应在事态升级前,利用比赛间歇,在不中断比赛的情况下作出。

(2) 黄牌警告:表明该行为不合适,如果再犯会被罚分,判罚后在翻分器上被判罚运动员一侧放上黄牌标志。

(3) 红黄牌罚分:不良行为再犯,则判对方得 1 分,判罚后在翻分器上被判罚运动员一侧放上黄牌标志。

(4) 第二次出示红黄牌罚分:罚 2 分,并告诉罚分运动员,如果再犯将报告裁判长。

(5) 如果在一局比赛结束时罚分,下一局比赛以 0∶1 或 0∶2 开始。

6. 对场外指导的管理。

(1) 指导席人数:团体 5 人,单打 1 人。(双打如果是两个协会的,可以各指派 1 人)

(2) 每个回合结束,主、副裁判员应把视线交叉关注运动员是否故意移向指导席,判断是否达到拖延比赛的程度。(如果执行国际乒联 2016 年 10 月 1 日执行的新的场外指导规则,裁判员可以更加专注于比赛的本身)

(3) 在非规定的时间内(回合中间)进行非法指导,第一次黄牌警告,第二次红牌驱逐出比赛区域。(出牌时应确保让非法指导者看见)

(4) 若副裁判员发现他所关注的运动队有非法指导,他应暗示主裁判员,由主裁判员进行判罚。特别关注运动员是否利用回合之间故意走向指导席或故意拖延比赛。

(5) 被驱逐出赛场的指导者不能被他人替代。如果被驱逐的指导者拒绝离开,裁判员应立即报告裁判长。只要比赛连续性未受影响，如果任何获得授权的人进行了非法指导，裁判员应出示黄牌，警告他如果再犯将被驱逐出比赛区域。（从 2016 年 10 月 1 日起生效）

例如：

① 在赛前 2 分钟练习后，比赛开始赛前指导，只要不拖延比赛开始则允许。如果拖延比赛开始，裁判员应催促运动员回到球台，如果运动员拒绝回来，裁判员可以警告运动员（不良行为：拖延比赛时间）。

② 在回合中进行指导——警告教练员（非法指导）。

③ 运动员在捡球时明显绕到教练员处寻求指导——警告运动员（不良行为）。

④ 在运动员捡球或回到球台时，教练在指导，运动员动作缓慢——警告运动员（不良行为）。

⑤ X 从挡板外捡球时，A 到教练处接受指导，X 回到比赛区域，A 未及时回到球台——警告 A 运动员（不良行为）。

7. 对时间的监管。

(1) 主、副裁判员在上场前应该确定由谁来控制比赛时间。一般可以由主裁控制暂停时间（秒表或手表）；副裁判员负责练习时间、比赛时间和除暂停外的间歇时间。

(2) 运动员擦汗、球飞出挡板或比赛环境受到干扰，副裁判员应该及时停表，并重新开表。

8. 暂停（请求暂停只能在回合之间）。

(1) 在得到某一方合理的暂停请求后，裁判员应暂停比赛，用靠近要求暂停一方的手臂高举白牌（直到副裁判把 T 牌放上），同时打开秒表（或手表）开始计时。

(2) 副裁判应把 T 牌放在暂停方球台中线且靠近端线约一个量网尺的距离，把球交给主裁判员后，站立在要求暂停的副裁判员桌旁。

9. 比赛间歇应确保运动员球拍留在球台。

10. 一场比赛结束，如果运动员还有出场的可能，副裁判员应把该运动员的球拍收回保管（握手时收拍）。

11. 严格控制擦汗的时机（每 6 分和决胜局交换方位）。

12. 正确使用比分显示器。

13. 轮换发球法。

(1) 如果实行轮换发球法，应立即报告值班裁判长，以便指派机动裁判担任计数员。

(2) 计数员站在主裁判员一侧报数。

14. 一旦出现受伤流血，裁判员应立即暂停比赛，报告裁判长，直到运动员接受了医疗救护并将比赛区域内所有的血迹擦干净后，再恢复比赛。

15. 更换球拍。

(1) 在一场单项比赛中，不允许更换球拍，除非球拍意外严重损坏到不能使用。更换时应立即替换随身携带或从比赛区域递进的球拍。

(2) 如果更换过的球拍又被损坏,裁判员必须报告裁判长。

(3) 如果运动员未通过裁判员私自更换,裁判员应立即报告裁判长。

三、赛后

1. 赛后宣告,声音清晰、洪亮。

裁判员报完比分,指向获胜方,并宣布"A 胜该局和该场比赛""A 以 4∶3 胜该场比赛",在团体比赛"AB 队以 1∶0 领先"或"AB 队和 CD 队 1∶1 平"。

2. 正确完成记分单的填写,在记分单上记录所有的警告和罚分。(用简洁语言记录何时、为何、给谁判罚)

3. 正确显示大局分,在离开赛场前,将比分显示器调至空白。

4. 收好比赛用球和球拍(如果需要)。

5. 将比赛区域整理干净,恢复至入场前条件。将"禁止练习"的标志放到球台上。

6. 主、副裁判员在主裁判员椅前集中(主裁拿夹板和球,站在靠近出口一侧;副裁判员拿空档案袋),得体地离开赛场。(移开挡板,走出比赛区域)

7. 主裁判员找值班裁判长签字,交记分单;副裁判员督促双方运动队从出口处离场。

思考题

1. 请叙述单循环赛轮数的计算以及单循环赛场数的计算方式。

2. 请用逆时针轮转法排出 8 个队伍(人)的比赛秩序。

3. 请叙述淘汰赛的抽签方法。

4. 请叙述裁判员与副裁判员的主要职责。

5. 请叙述 7 个判罚不合法发球手势的术语。

主要参考文献

[1] 全国体育学院教材委员会. 乒乓球[M]. 北京：人民体育出版社，1992.

[2] 刘建和，全国体育院校教材委员会. 乒乓球教学与训练[M]. 北京：人民体育出版社，2008.

[3] 中国体育教练员岗位培训教材. 乒乓球[M]. 北京：人民体育出版社，2006.

[4] 施之皓，王艳等. 现代乒乓球运动教程：基本理论与技战术[M]. 北京：高等教育出版社，2018.

[5] 王艳. 运动即良药：乒乓球[M]. 北京：科学出版社，2017.

[6] 谢琼桓，夏娃. 乒乓长盛的训练学探索[M]. 北京：北京体育大学出版社，2002.

[7] 李荣芝. 乒乓球运动的历史演进及跨文化传播研究[D]. 上海：上海体育学院，2012.

[8] 陆爱发，顾楠. 乒乓球运动员体能训练指南[M]. 上海：同济大学出版社，2017.

[9] 苏丕仁. 乒乓球教学与训练[M]. 北京：人民体育出版社，1995.

[10] 中国乒乓球协会. 乒乓球竞赛规则 2016[M]. 北京：人民体育出版社，2017.